図説
ユーラシアと日本の国境

ボーダー・ミュージアム

岩下明裕
木山克彦 編著

北海道大学出版会

序　ボーダースタディーズ（境界研究）の実験

　ボーダースタディーズ（境界研究）という言葉をご存じの方はほとんどいないだろう。すこし気取ってまとめれば、私たちが取り組むこの学問領域は次のようになる。

　境界現象とは、人間が生存する実態空間そのものおよびその人間の有する空間および集合認識のなかで派生する差異化（つまり、自他の区別）をもたらすあらゆる現象を指し、いわばボーダースタディーズの目的はその形成および変容ならびに紛争回避メカニズムの解明にある。現代社会においては、実態空間としては国と国の接触面（国境）や民族と民族が対立あるいは協力する様々な衝突面が存在する。そしてそのボーダーに分断されて、あるいはボーダーをまたいで生活する人々は、その実態に左右されながらも、ある場所では自他の認識を鮮明に、別の場所では曖昧なグラデーションをもって表象する。もとよりこれらの境界は実態でも認識でもずれを抱え込みながら、歴史のなかで再生産され続ける。境界研究はこのような境界現象に関わる問題をどのように読み解くかという問題意識を共有しつつ、具体的なエリアにおいて問題の存在を探り、その問題の様態を考察し、解決方法を模索し、その実現に向けて提言をも行う学問領域である。

　世界には、北米西海岸で誕生し欧州へ拡大しつつある Association for Borderlands Studies（ABS）、冷戦終結時に欧州で生まれ南米・アジアへと展開した Border Regions in Transition（BRIT）、世界の国境・境界画定のデータを集積し、実務者を交えて研究提言を行うダラム大学 International Boundaries Research Unit（IBRU）などの国際組織が存在するが、日本および東アジアの研究活動は十分に組織化されないできた。北海道大学グローバル COE プログラム「境界研究の拠点形成：スラブ・ユーラシアと世界」（2009 年度から）により、ようやく境界研究の基礎は固まりつつあるが、まだ発展途上にある。

　日本はユーラシアの陸域と海域が交錯する歴史的経験と地理的ポジショニングを持ち、世界に向けてユニークな立ち位置にある。これを総合し理論化することで、この学問領域をユニークなかたちで世界水準で確立することが可能であり、いま、私たちはその成果を世に問おうとしている。

　グローバル COE プログラムを立ち上げたときに考えたこと、それはボーダースタディーズは境界に暮らす人々、境界と向き合っている人々の目線で成果を積み上げなければならない、そしてその成果を狭いアカデミズムのなかに閉じ込めず、一人でも多くの市民の方々と共有しなければならないという点であった。

　境界地域を現場目線で知る、伝える。口で言うのはたやすいが、実際には難しい。人間の思考は旧知の経験を越えることはできない、つまり、知らないことはわからないし、行ったことのない場所は想像でしかとらえられない。市民の皆さんを国境や境界地域の現場に案内することなど不可能である。ではどうしたら、いいだろうか。

　そこで浮かんだのが、博物館、つまりミュージアムの利用である。ミュージアムは見る、聴くに加え、触ったり、叩いたり、なでたり、と体を使って事象を味わうに適した場所だ。ボーダースタディーズが現場を再現することに意味があるのであれば、博物館に国境を作ろう、これがそもそもの企画の出発点であった。可能な限り、現物資料を集める、それが無理ならば精巧なレプリカを作る、とにかく 3 次元の空間を縦横無尽に境界に関わるモノを展示する場とする。この無謀にも思える企画が実現に至ったのは、北海道大学総合博物館の一角を展示ブースとして快く提供し、協力してくださった博物館の研究者やスタッフたちのおかげである。

　グローバル COE プログラムの事業推進員でもあった松枝大治副館長（当時）は、この企画に最初は戸惑っておられた。通常、博物館というのは、すでにできあがった成果を精査して展示するものである。展示ブースを確保して、そこからシリーズで企画を変えながら転換していく展示手法など聞いたことがないと。

　しかし、自分たちが頭で考えていた知識や分析をミュージアムという場で再現するとき、いままでと異なる発想や視座が生まれ、そして分析成果そのものまで再構成していくことをそのプロセスのなかで

私たちは学んでいく。ビジュアルと体感から入るというこの手法は、ともすれば頭でっかちで現場から遊離しかねない、旧来の人文・社会系の研究アプローチに一石を投じたと思う。北大で見せるために用意した展示（第3章で述べる国境標石のレプリカなど）を外に持ち出して巡回展示として展開したり、展示をもとに関係者に取材をしこれをプロの映像制作会社とのタイアップでドキュメンタリーに仕上げてDVD化するなどといったやり方は、もちろん最初から考えていたはずもない。第2章で紹介する秋野豊の言う「場当たりで直感的な」活動こそ、ミュージアムや映像制作を通じたボーダースタディーズの実践であったと言っても過言ではないだろう。

振り返れば、あたかも最初からこれらの成果が見通せていたかのようにも思えるが、実際には苦難の道が続いていた。グローバルCOEプログラム「境界研究の拠点形成：スラブ・ユーラシアと世界」の採択が伝えられたのは、2009年7月。そこから人集めが始まる。事業推進者は北大のなかで人文・社会系の研究者に博物館を加え固めてはあった。若手研究者などスタッフは一から集めなければならない。公募をやるのであれば、どう急いでも本格的な立ち上げは10月になる。

研究や教育はスタッフがそろってからヨーイドンと始めても何とかなろう。だが、ミュージアムはそうはいかない。そこから展示の用意を始めていたら、オープンは半年以上も先になる。

そこで私たちのこれまでの本づくりで主に地図の製作を担当していた風交舎の伊藤薫に相談を持ちかけた。グローバルCOEが採択されたら「博物館に沖縄を持ってくる」と心を決めていたから、すすきのの沖縄料理屋に彼を呼び出した。私の腹案は、すでにあるコンテンツ（第1章）で仮展示を作り、まず一般にアピールを行い、並行して本格展示を作る。仮展示のオープン（10月）にあわせてプログラムの立ち上げセレモニーを華々しくやる。12月の本格展示開始を最初の国際シンポジウム開催にぶつけて外国からの参加者へのメッセージとするというものであった。いずれにせよ、慌ただしいことこの上ない。最初の数ヵ月はボーダースタディーズに関わるミュージアムの素材を求めて、2人で東は根室、西は山口へと奔走した。その成果については本書のなかで読み取っていただければ幸いである。

さて泡盛を飲みながら、伊藤が一言発した。「大きいシンボルを作りましょうよ。地球儀がいい。それもできる限り、大きく、陸も海も掘ったもの。それをブースの真ん中において、そのまわりに展示を置けばいい。第1弾はそれだけで評判がとれる」。

こうして回る地球儀が誕生する。折良く、このようなものを精巧に作れる業者が札幌にはいた。それはそのままプログラムのロゴになった。

地球儀の誕生（ウェザーコック製作）

グローバルCOEプログラムの公式ロゴ（伊藤薫考案）

目　　次

序　ボーダースタディーズ(境界研究)の実験

第1章　ユーラシア国境の旅 ……………………………………………………1
　　国境は変わる：ヨーロッパ　2
　　コーカサスと環黒海　4
　　南アジアと中国　7
　　中央アジアと中国　9
　　中国とロシア　12
　　日本とロシア　14

第2章　国境をゲートウェイにする：秋野豊のメッセージ ……………17
　　秋野豊と北海道　20
　　ユーラシアの覚醒(1993-1997年)　22

第3章　海疆ユーラシアと日本 …………………………………………31
　　知られざる北の国境：北緯50度の記憶(北ゾーン)　33
　　知られざる南西国境：砦とゲートウェイの狭間(南ゾーン・西ゾーン)　40

第4章　海を越える人々：沖縄・八重山から台湾と朝鮮半島をみる ……49
　　海続きの島々，浮現する境界　50
　　済州島漂流民の記憶：口頭伝承でよみがえる15世紀の与那国島　55
　　宮本常一と歩く国境の島じま　58

第5章　揺れる境界：文学がみつめるもの ………………………………63
　　亡命と移住の文学：ポーランドの作家たち　64
　　境界の言葉を作り，そして詠う：ウンドラ・ウィソホルスキ　67
　　言語の境界に生きた作家：フランツ・カフカ　69
　　言語の逆説を生きた詩人：ゲンナジー・アイギ　70

第6章　ポスターと絵画を読む：中国とロシアの心象風景 ……………75
　　フェラーリを拭く雷鋒　76
　　香月泰男がみた中国とロシアの境界地域　83
　　ロシアからみた境界のイメージ　86

第7章　先住民という視座からの眺め……………………………………………89
　　　北極圏のコミュニケーション：境界を越えるサーミ　90
　　　北米先住民ヤキの世界　92
　　　アイヌと境界　94

おわりに　ミュージアムの現場から　97

　図版出典一覧　103
　参考文献
　展示協力

執筆担当

序　　　岩下明裕
第1章　岩下明裕・伊藤薫(執筆協力：林忠行，前田弘毅，松里公孝，帯谷知可，吉田修)
第2章　岩下明裕・伊藤薫
第3章　岩下明裕・木山克彦(執筆協力：相原秀紀，井澗裕，古川浩司，山上博信)
第4章　岩下明裕(はしがき)，北村嘉恵(海続きの島々，浮現する境界)，安渓遊地・安渓貴子(済州島漂流民の記憶・宮本常一と歩く国境の島じま)
第5章　望月哲男(はしがき)，井上暁子(亡命と移住の文学)，野町素紀(境界の言葉を作り，そして詠う)，福田宏(言語の境界に生きた作家)，後藤正憲(言語の逆説を生きた詩人)，越野剛(ナボコフと蝶)
第6章　岩下明裕(はしがき・香月泰男がみた中国とロシアの境界地域)，武田雅哉・渡辺浩平(フェラーリを拭く雷鋒)，谷古宇尚(ロシアからみた境界のイメージ)
第7章　岩下明裕(はしがき)，木山克彦(北極圏のコミュニケーション)，水谷裕佳(北米先住民ヤキの世界)，山崎幸治(アイヌと境界)
おわりに　木山克彦

第 1 章　ユーラシア国境の旅

　境界研究（ボーダースタディーズ）をテーマに博物館でどのような展示を短期間で作るべきか，そう考えたとき，まずは来場者に最もわかりやすい目に見える国境地域を地図で見せることだと思いついた。幸いにもスラブ研究センターには，ユーラシア地域に関わる様々な材料があり，しかも 2006 年に『国境・誰がこの線を引いたのか：ユーラシアと日本』（北海道大学出版会）を刊行しており，その地図と写真をもとにユーラシアの国境を旅するという企画を思いついた。陸と海を表現した回る地球儀をシンボルとして博物館ブースの入り口に置いたことにより，ユーラシアの展示は国境問題のディティールにこだわることができた。これは 2009 年 10 月 3 日から 12 月 8 日までの短期間であり，当初，次の本格展示を準備するまでのスタートアップ（仮展示）と位置づけられていたが，その出来によってこれを第 1 期の展示とすることにした。

　展示はヨーロッパから，環黒海，コーカサス，ロシア，中央アジアを経て，南アジア，中国，日本に及ぶユーラシアを横断する国境地域をベルト地帯にみたて，そのダイナミズムを読み解くものへと仕上げた。いわば，書籍になったコンテンツを地図と写真をもとにビジュアルに再現して，来場者に国境を身近に感じてもらおうとする最初の試みでもあった。

　準備期間は 3 カ月，解説文が多めであったが，国境を体感するために地図をたくさん用意し，大型モニターでは国境地域の写真をスライドショーにして見せた。この第 1 期展示は，後にシリーズとなる DVD 制作の呼び水となり，第 3 期までの展示内容は，電通北海道により，ユーラシア陸域と海に囲まれた日本の境界地域に関わるボーダースタディーズ入門編として映像化されることにもなった。

　この「ユーラシア国境の旅」の展示こそ，ユーラシア地域を境界問題を軸に総合し，世界に発信するという事業の礎となるのだが，なかでも年表を頭に浮かべながら歴史の時系列でストーリーをつくるのではなく，地図を書き，その地図を見ながら，解説をつけていくという作業，いわば政治地理学の手法を採用したことが，その後の展開の大きな方向性を決定づけた。またこのときは世界の白地図を用意し，子供たちにクレヨンで自由に国境線を引いてもらったりもした。本章では日本におけるボーダースタディーズの草分け的な当時の成果展示を，アップデートするかたちで再現してみた。

陸と海をリアルに再現した立体地球儀

第 1 期展示「ユーラシア国境の旅」

国境は変わる：ヨーロッパ

　海に囲まれた「島国」日本に暮らす私たちにとって，国境とは必ずしも身近な存在ではない。しかし，多くの国や民族がひしめき合っているユーラシア大陸では，境界がどこにどのように引かれるか，また引き直されるかが，常に現地に暮らす人々の生活に大きな影響を与えてきた。歴史のなかで国境が大きく動いた一例として，ここではヨーロッパ，とくにドイツを取り上げて考えてみる。

　下図は，1815年，ナポレオン戦争終了直後のウィーン会議の頃のヨーロッパの一部だ。将来ドイツが建国される辺りには，ウェストファリア条約（1648年）によって主権を認められた小さな領邦国家が300ほど存在していた。ナポレオン戦争に至る過程でこれらは35の国家と4自由都市に整理・統合され，さらにプロイセン主導のもとで統一され，1871年にドイツ帝国が誕生する。

　ドイツ帝国の東の境界線は，ロシア帝国と接していた。ここにかつてのポーランド国家があった。この地図は，18世紀末から19世紀初頭にかけ，プロイセンとロシアとオーストリアによってポーランドが分割され，ポーランドという国家が消滅したということを意味している。

　下の3つの地図のベルリンの位置に注目してみよう。19世紀に統一されたドイツではベルリンはまさにドイツの中心にあったが（上段），現在の地図では東の国境に非常に近い場所に位置している。ドイツという国家が東側の領土を次々と失っていったことがこの地図から読み取れる。

　上段の地図は，第1次世界大戦末までのドイツを表す。この統一されたドイツはロシア，オーストリア＝ハンガリーと国境を接していた。中段の地図には，第1次世界大戦におけるドイツ敗戦の結果，独立を回復したポーランドが描かれている。これはポーランド人が住む地域が独立を回復したことを示す。ただし，国境地域にはドイツ人が多く住んでいたので，それらの人口の帰属はポーランドへと移っ

ドイツ統一 1815-1871年

ドイツ領土の変遷

た。これはポーランドに海への出口となる回廊を作ろうという連合国の配慮の結果であった。その結果，ドイツ領として残された東プロイセンは他のドイツ領と切り離されて，飛び地となる。第2次世界大戦でドイツは「失地回復」を試みるも，再び敗戦という結果に終わり，多くの領土を喪失した。下段の地図の通り，東プロイセンも失い，国境はかなり西へ移動する。東ドイツとポーランドを隔てるのはオーデル川と西ナイセ川をつなぐ線，「オーデルナイセ国境」である。

　中世から第2次世界大戦に至るまでのヨーロッパの国境変動には，基本的に住民の移動はなかった。しかし第2次世界大戦の結果，ポーランドが新しい領土を得て，そこに住んでいたドイツ人が追い出された。

　下図は，このときに移住を強いられた人の数を千人単位で表している。ポーランドとドイツの国境の移動によって追い出されたドイツ人は少なくとも800万人に上る。彼らは劣悪な環境で移送されたため，途中で亡くなった人の数は200万人ともいわれる。

　敗戦によって朝鮮や満州から引き揚げた日本人と彼らの違いは，追い出されたドイツ人は何世紀も前からこの地に住んでいたという点だろう。このように，第2次世界大戦は「人の移動」の観点からみてもきわめて残酷な結果を生み出した。

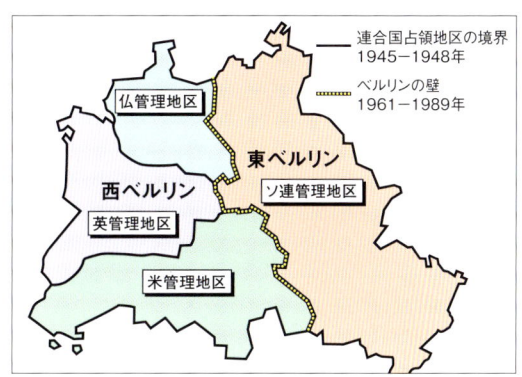

ベルリン 1945-1990 年

　戦後ドイツはイギリス，フランス，アメリカ，ソ連に分割占領され，ソ連の占領地域で東ドイツの樹立が，残りの3国の占領地域で西ドイツの樹立が宣言された（1949年）。

　西ドイツの最初の政権を担ったアデナウアーはドイツ再統一を国家の究極的目標に据えつつも，安全保障面ではNATO，経済面ではECSC，EURATOM，EECのメンバーとなり，西欧の経済統合に積極的に参加する方針を採る。これによって西ドイツは奇跡の経済復興を実現したが，東との対

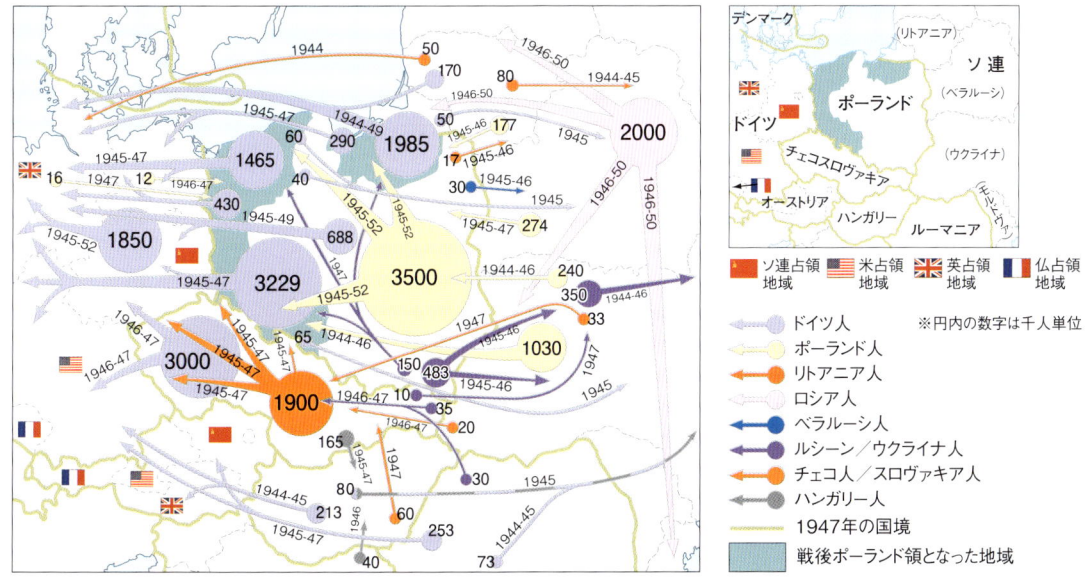

住民移動 1944-1948 年

第2次世界大戦後の領土変更

今も残る「ベルリンの壁」跡

立関係は続き、1961年には東ドイツが「ベルリンの壁」を建設した。

　ソ連とポーランドによる領土の一方的な併合であるとしてオーデル＝ナイセ国境を認めなかったアデナウアーに対し，米ソ間の緊張緩和という流れを受けて発足したブラント政権は，1970年に独ソ武力不行使条約を結ぶ。そのなかで両国は，現在および未来において，ヨーロッパのすべての国家の国境を不可侵とみなすことを宣言した。これにはオーデル＝ナイセ国境だけでなく，東西ドイツ間の国境も含まれていた。戦後ドイツ自らがポーランドに移した広大な領土をポーランド領と容認したことで，ヨーロッパ全体の緊張緩和が促進された。その後，ソ連の改革や東欧諸国の民主化運動を経て「ベルリンの壁」は壊れ，念願の東西統一が達成される。

コーカサスと環黒海

　コーカサスや環黒海地域において，各国が独立国家として国際社会から承認され，国境線が引かれたのは二十数年前に過ぎない。この地域を歴史的に支配してきたのはロシア帝国，ソ連であり，ソ連崩壊後，アゼルバイジャン，グルジア，アルメニアは国際社会の承認を得て独立国となる一方，他の多くは承認を得られない状態が続いている。

　コーカサス地域は，峻険な山並みなどの自然環境に守られ，諸文明圏の周縁部に属する地理的要因か

「ポイント・チャーリー」の跡

コーカサスの歴史地図

ら，言語，宗教といった「多様性」が保存され，世界でも有名な多民族地域となっている。

このような地域では，前近代においては，国境はきちんと整備・管理されていなかった。しかし，ヨーロッパから国民国家・主権国家の概念が入ってくると，多くの民族が独立国家建設を志向し始める。狭いこの地域のなかで，すべての民族が納得する境界線を引くことは不可能で，民族対立，国境をめぐる衝突，分離独立運動が繰り返された。結果的には，コーカサス地域の多民族性が，今日の民族紛争，国境紛争の遠因となっている。

■チェチェン

紛争が最も悲劇的なかたちで表出したのは，チェチェンであった。チェチェンは19世紀にロシア帝国に併合され，ソ連時代はその一構成部として共産党の支配を受けてきた。

ソ連崩壊前後，チェチェンは分離独立を宣言し，これを認めないエリツィン大統領率いるロシア連邦と1994年12月から戦闘状態になり，多数の死者と難民を出した。

その後，休戦により，チェチェンは領域を実効支配し，ロシア連邦政府の権威が及ばない「事実上の」独立を達成する。しかし，1999年10月，プー

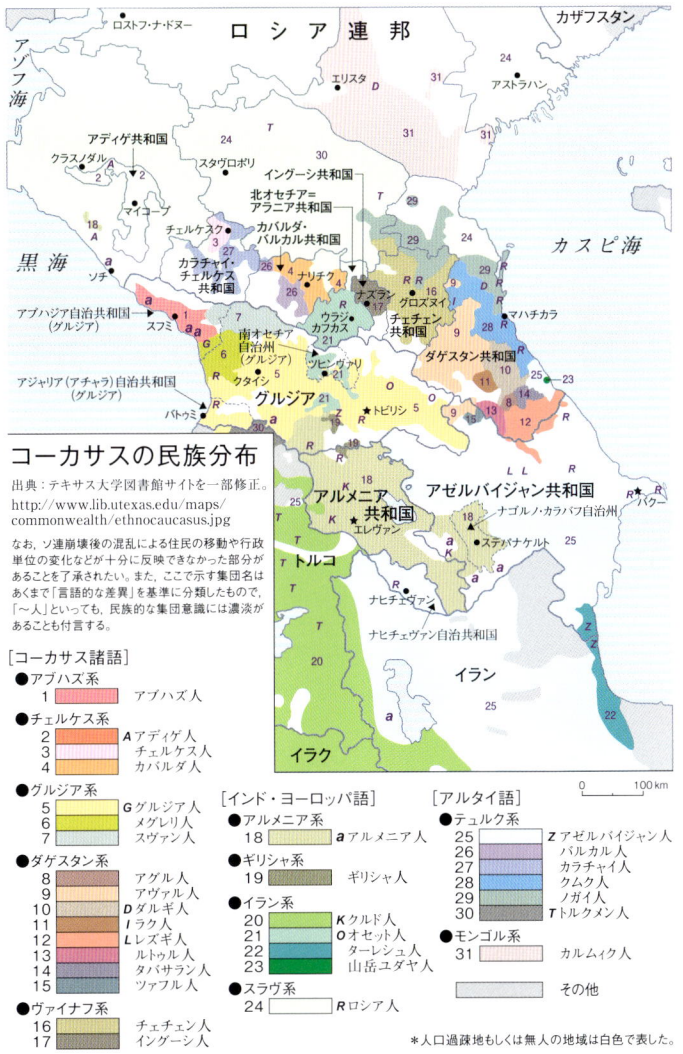

コーカサスの民族分布

チェチェンと隣国

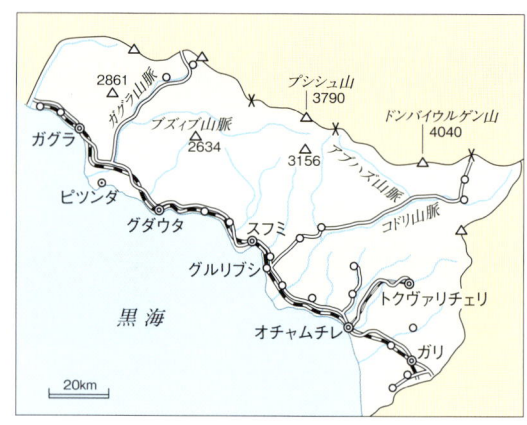

アブハジア地図

チン首相指導のもとロシアはチェチェンを軍事的に制圧し，ロシアの支配を回復する。

■アブハジアの例

この地域は19世紀初頭にロシア帝国の支配下に入り，後にソ連領ではグルジア共和国の一部をなしていた。

ソ連が崩壊する過程で，共産党の重しがなくなると，高揚するグルジア民族主義に対してアブハジア人は分離独立を求め，戦争に発展する。

その結果，アブハジア内に住んでいたグルジア人は追放され，休戦状態の今日では，国際的に認められないかたちでアブハジア人による事実上の「独立」状態が続き，「国境線」がアブハジア・グルジア間に横たわっている。

■黒海：正教とイスラームの内海

アブハジア，南オセチア，ナゴルノ・カラバフ，プリドニエストルは，その領域を実効支配しているものの，世界のほとんどの国から承認されていない「非承認国家」と呼ばれる状態にある。

興味深いことに，黒海周辺のみに非承認国家が生じている。中央アジアやバルトでは生まれなかった。これら非承認国家のなかで，アブハジアとカラバフは分離独立過程で総力戦にまで発展する。南オセチ

アブハジア議会ビルの廃墟

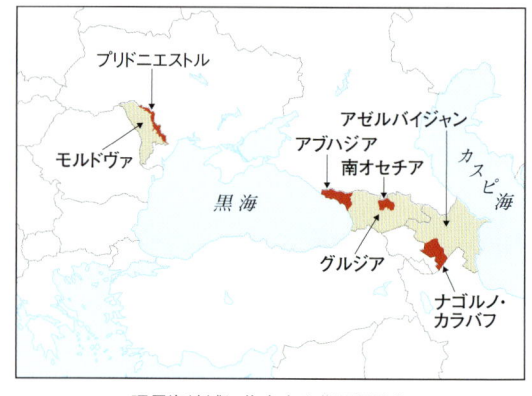

環黒海地域に集中する非承認国家

アとアブハジアの問題が2008年に再び発火し，グルジアとロシアの戦争を招いたのは記憶に新しい。

黒海はまた，正教会の境界地域とも重なっている。例えば，プリドニエストルはルーマニア正教会とロシア正教会の管轄領域の間にある。さらにいえば，

正教会の境界地域としての環黒海

トルコを含む黒海周辺地域自体，イスラームとキリスト教の巨大な境界地帯となっている。この地域における非承認国家の今後や，宗教間の対話の可能性は，世界的な注目を集めている。

南アジアと中国

■インドとパキスタン：国境と宗教の境界

　現在のパキスタン，インド，バングラデシュに相当する地域は，19世紀後半にイギリス帝国の統治下に入った。かつてひとつだったこの地域は1947年，イスラーム教徒が多い地域がパキスタンとして，インドと別々に独立する（パキスタンからは，激しい独立闘争の末，東側部分がバングラデシュとして1971年に独立を果たした）。

　異なる宗教の信徒が混住していた地にイギリス人によって人為的に引かれた境界は，住民に混乱をもたらし，東西に分割されたベンガル州とパンジャブ州では合計1500万人に及ぶ難民を生み出す。しかし，印パ間の国境の場合，国境画定自体は，カッチ湿原の場合を除いて，大きな問題にならなかった（カッチ湿原の場合も，最終的にはそれぞれの国が指名する裁判官によって国際法廷で解決することに合意）。境界線ではなく，英領インドの一部でありながら，印パのいずれに帰属するかを定めようとしない藩王国の領土をめぐって，深刻な争いが起きた。

　地図2はインド側の主張に沿ったカシミールの支配領域を示したものだ。ジャムー・カシミール州はかつて，ヒンドゥー教徒のマハラジャが治めるインド最大の藩王国であったが，その住民の多数はイスラーム教徒であった。植民地インドが独立するとき，

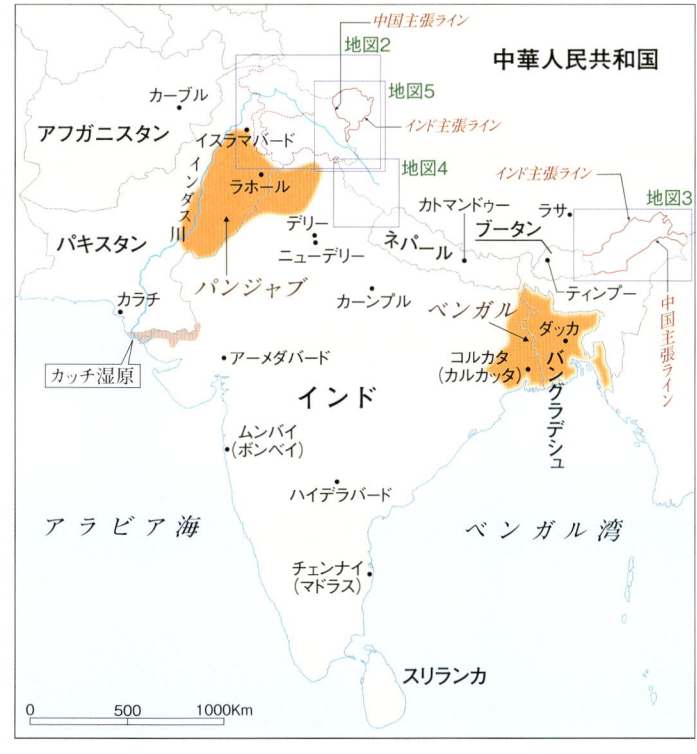

南アジア全図（地図1）

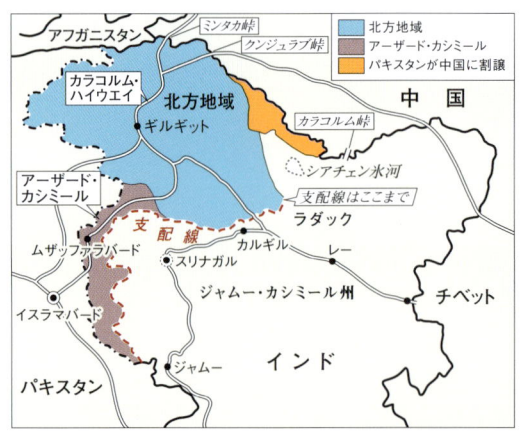

パキスタンが支配するカシミールと「支配線」(地図2)

アムリットサル・ワガーの印パ国境

マハラジャは藩王国カシミールの独立を目指したが、住民はパキスタンへの編入という要求を掲げた。これを軍事力で抑えようとしたマハラジャは、パキスタン側から越境してきた私服の部隊に敗れ、ここでマハラジャがインドにカシミール併合と支援を要請したことでカシミール問題が起こる(1947年10月)。戦争は、国連の調停によって1949年1月に休戦となり、地図2の支配線が休戦ラインとされた。

インド側からカシミールに行く道はヒマラヤ越えを要し険しい。それでもインドは、イスラームが多数を占めるカシミールの領有に、全力を挙げてきた。パキスタンがイスラーム教徒の国であるように、インドはヒンドゥーの国、と思われがちだが、インドの国是は、イスラームを含め、あらゆる宗教を受け入れるというものである。この国是のずれが、印パ両国間の国境問題を困難にし、これまで両国はカシミールをめぐって3回も戦争を経験した。

■インドと中国：国際関係の根にある国境問題

米国がパキスタンに武器を供給しようとしたのを機に、インドはチベットに対する中国の主権を認めて中国に接近し、中印は友好期に入る。しかしその数年後、中印国境をめぐる紛争が顕在化する。

地図3のマクマホン・ラインは、イギリスの外交官マクマホンが1914年のシムラ会議で引いた新国境線である。マクマホン・ラインの両側には同一民族が居住しているといわれている(中国の分類による)。イギリスはチベットに中国やロシアが大きな影響力を持つことを想定し、支配下にあったインドの安全のために、国境線を高い稜線上に引き直そうとした。中華民国は認めなかったが、インドは独立後もこれを国境と主張した。

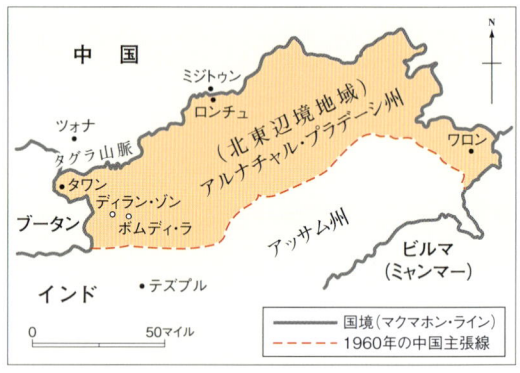

東部係争地域(地図3)

中部係争地域(地図4)

西部係争地域(地図5)

中部国境(地図4)にも係争地があるが、ここは近い将来の解決が見込まれている。他方、最も困難な係争地が、西部国境のアクサイ・チン(地図5)だ。中国はインドの主張する領土を横断して道路を建設したが、1957年に中国側の報道によってインドがその事実を知る。ここから中印関係は急激に悪化の道をたどり、1962年には戦争に至る。

この中印国境紛争によって、中国とパキスタンはインドを「共通の敵」とみなし、接近するようになった。1950-60年代に、中国は自国の国境を画定するために周辺国との協議を始め、このときパキスタンは、カシミールの一部を中国に割譲する(地図2、オレンジ部分)。

1970年代後半から中国とインドは関係正常化へ向かい、近年、国境の現状を追認するかたちで実質的関係を深めつつある。

中央アジアと中国

■中央アジアの動く境界

中央アジアの境界の変遷には3つの契機がある。最初の契機は帝政ロシアによる征服である。ロシアはシベリア征服後、カザフ草原を南下、19世紀後半には南部の定住民地域に進出して、コーカンド・ハン国を征服、ブハラ・アミール国とヒヴァ・ハン国を保護国化した。これにより「トルキスタン(トルコ系の人たちが住む場所)」が具体的な領域として現れた(次頁上・次頁中)。

次の契機は、ロシア革命(1917年)とソ連の形成(1922年)を経て行われた、1924-25年の中央アジア

カラコルムとギルギッド(中パ国境)

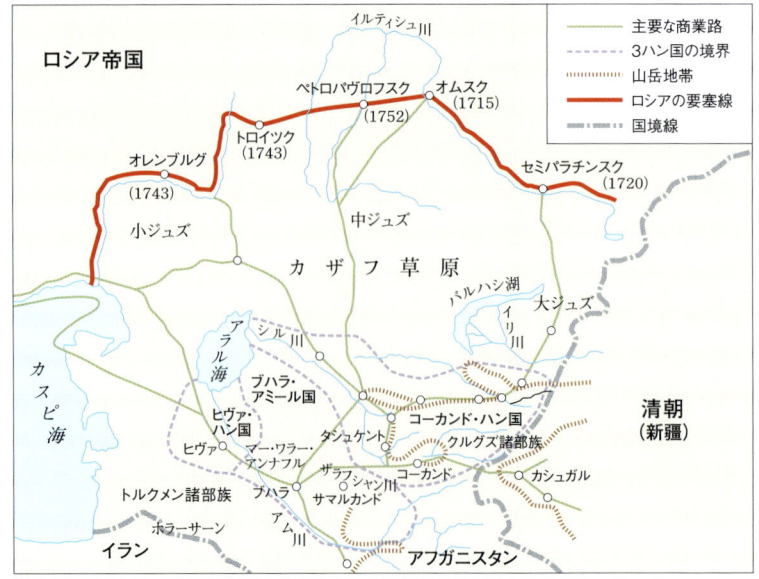

19世紀初頭の中央アジア

帝政ロシア統治下の中央アジア

A:キルギス（カザフ）・ソヴィエト自治共和国（1920-36）　B:トルキスタン・ソヴィエト自治共和国（1918-24）
C:ホラズム人民ソヴィエト共和国（1920-24）　D:ホラズム人民ソヴィエト共和国（1920-24）

民族・共和国境界画定

民族別境界画定である(左頁下)。この結果，民族別の共和国が誕生した。

そして1991年にソ連が崩壊すると，この境界線を基本的に引き継いで，ウズベキスタン，カザフスタン，クルグズスタン(キルギス)，タジキスタン，トルクメニスタンの5カ国が独立し，この境界は名実ともに「国境」となった。

実際に線を引くとなると，境界近辺にある都市や集落をどちらの領域にいれるかという問題が生まれる。境界画定においては，その地域で多数を占める住民の民族名を冠した区分(共和国)にいれるのが原則だったが，行政や経済の効率優先により，しばしばそれは破られた。

一例を挙げると，トルクメニスタンのタシャウズ(現ダシュオグズ)は，ウズベク人が大多数を占めるものの，遊牧民のトルクメン人に行政領域を与えることが優先され，トルクメニスタン帰属となった。

フェルガナ地方では，同じ論理で遊牧民のクルグズ人も都市が必要だとアンディジャンを要求したものの，そこで圧倒的な多数を占めるウズベク人からの反発が懸念され，原則を適用，代わりにオシュがクルグズスタンの帰属となった。

フェルガナ地方は民族構成や国境線が入り組み，民族紛争の可能性を抱えた複雑な地域である。2005年5月のアンディジャン事件の際には，多数のウズベク人が国境を越えクルグズスタンに難を逃れたことでも世界の注目を浴びた。

■中国との国境

中国と中央アジアの国境はモンゴルからアフガニスタンまでの約3200kmである。

中国は，19世紀後半の「不平等条約」により50万km²をここで失い，とくにタジキスタンとの国境2万km²については，法的根拠のない一方的な

タシャウズ近辺図

フェルガナ

中国・クルグズスタン国境(トルガルト峠)

中国・タジキスタン国境(カラス)

中国と中央アジアの国境地域

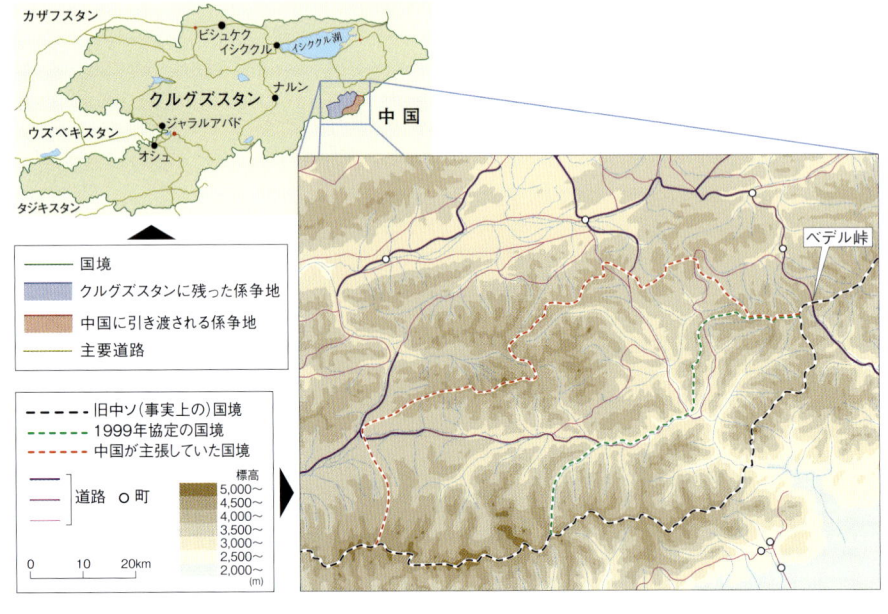

中国・クルグズスタンの「フィフティ・フィフティ」

割譲を強いられたとしてきた。

1969年に中ソ東部国境で軍事衝突が起こったときには，阿拉山口付近でも緊張が高まった。ソ連崩壊後の交渉は難航したが，「フィフティ・フィフティ」の解決策により，いまではすべての問題が解決した。

中国とロシア

中国とロシアの国境は総延長4300kmに及ぶ（旧ソ連とでは7000km超）。1960年代末には，国境の島々をめぐる紛争が激化し，軍事衝突が起こったが，2004年に，国境問題は解決をみた。

中ロ国境の大部分(3500km)は，河川国境からなる。国際法では原則，主要航路で国境線を引く，つまり河川を半分にする。また，中ロ国境の河川には2444の島があるが，これもほぼ半分に分けられるべきであった。しかし，実際には多くの島々をロシアが実効支配しており，これが中ロ国境問題の原因となる。

1964年，中ロ間で国境問題交渉が行われ，主要航路で国境線を引くことに合意したが，ロシアがハバロフスク近郊の島嶼すべてを自国領としたことに中国が反発し，すべての国境問題交渉は決裂する。この決裂以後，緊張が高まり，中国は実力行使による奪還を試みる。

1969年の珍宝島(ダマンスキー島)での軍事衝突がそれである。これにより，中国側68名，ソ連側58名の死者が出たとされる。他にも，各地で国境紛争が頻発し，ついには戦争の危機にまで陥る。

硬直化した国境問題は，ゴルバチョフの登場・中ソ和解を経て，1990年代に雪解けに向かう。1991年に結ばれた協定では，東部の国境線98%について合意に達した。残された2%に，問題のハバロフスク近郊の島々，西部の交通要衝地域にあるアバガイト島等が含まれていた。一旦，係争地を棚上げし，現実的に「できる」ことから始める，段階方式の解決策がここでは採用された。

しかし，ソ連が崩壊し，ロシア国内の政情が不安定になると，国境地域にある地元行政府を中心に激しい抵抗が起こった。中朝ロ国境のハサン地区にある300ヘクタールの土地帰属が代表的な事例である。

再度，交渉の決裂が危ぶまれ，緊張が高まるなか，解決策として「フィフティ・フィフティ(係争地を分け合う)」方式が生まれた。この案で双方妥協し，ハサンの係争地を中ロで分け合うことにより，1991年協定で合意に達した国境線画定の履行が宣言された。

問題となっていたハバロフスク近郊の黒瞎子島(ロシア名はボリショイ・ウスリースキー島とタラバロフ島)やアバガイト島にもこの方式が採用され

珍宝島(ダマンスキー島)

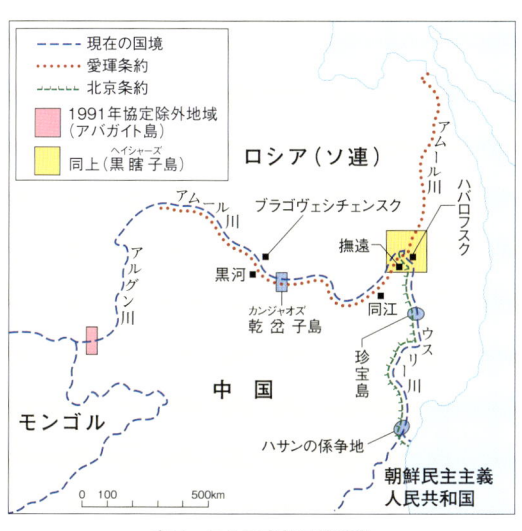

中国・ロシア東部国境地帯

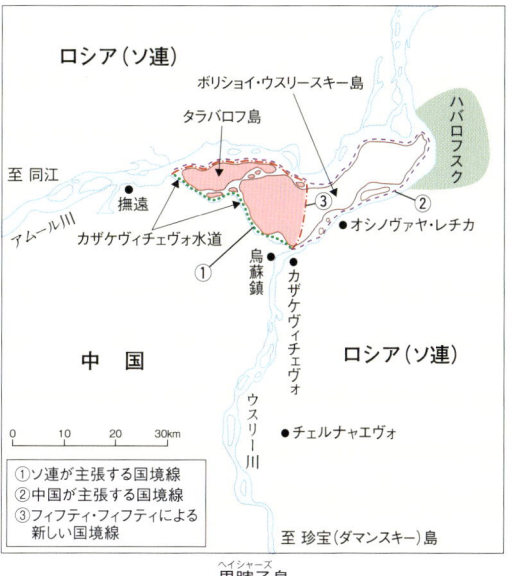

黒瞎子島

「フィフティ・フィフティ」で分けられた黒瞎子島

国境画定を記念して

た。これらの事例でも，単に面積を等分するのではなく，中ロ双方の利益（水利や土地の既得権等）を考慮して分割された。相互利益を生む「ウィン・ウィン（互いの勝利）」の状況を作り出すことで双方が妥協し，問題解決が図られるに至った。

中ロのこの解決方法は，中国と中央アジア，ベトナムなどでも応用された。「フィフティ・フィフティ」は，いまやユーラシアの国境問題の新しい解決方法として，内外から大きな注目を浴びており，日ロ間の国境問題へ適用される可能性も議論されている。

日本とロシア

日本とロシアの国境は，千島列島と樺太の間で移動してきた。1855年の日魯通好条約により，千島については択捉島と得撫(ウルップ)島の間に線が引かれたが，樺太は日ロ混住の地とされた。1875年の樺太千島交換条約では，日本は樺太をロシアに引き渡す見返りに，得撫島から占守(シュムシュ)島までの18島を受け取る。

20世紀に入ると，日露戦争後のポーツマス条約に基づき，北緯50度線以南の樺太が日本に引き渡

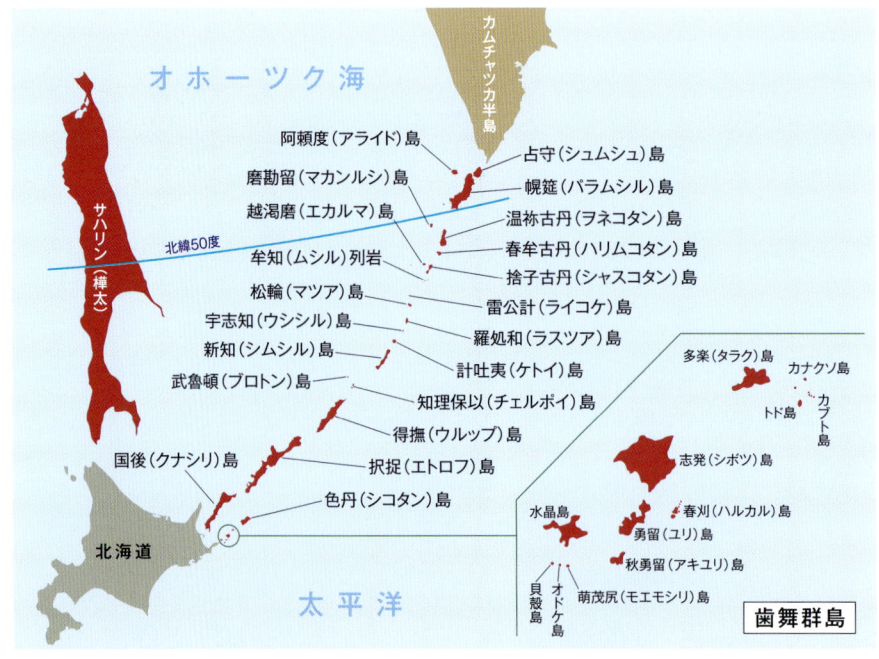
日ロ国境広域図

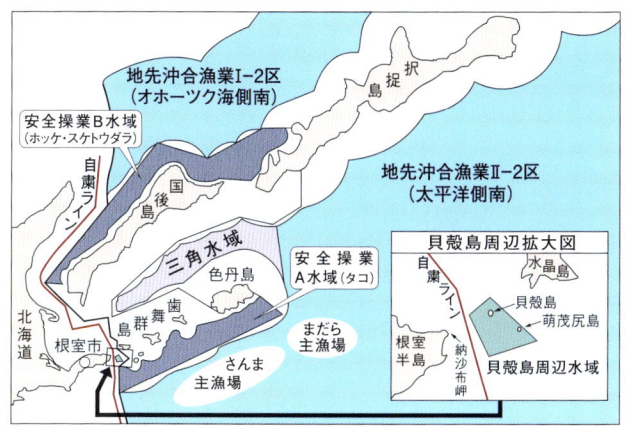

安全操業図(根室市作成)

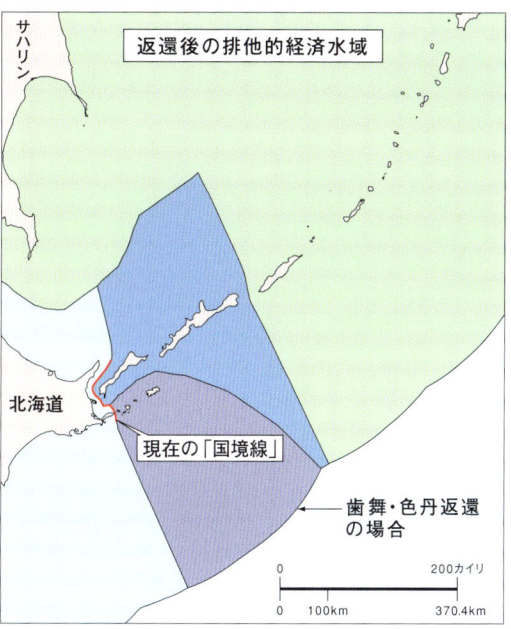

海を分け合うイメージの一例

色丹島の風景

され，日本の影響力は北へ向かい大きく広がった。

　しかし，1945年8月，中立条約を無視して対日参戦に踏み切ったソ連により，南樺太や千島などが占領され，再び国境は事実上，南に押し下げられた。

　日ロの国境問題は，戦後，ソ連が法に基づかないかたちで，南樺太や千島などを一方的に占領し続けていることから，生じている。日本政府は1951年，サンフランシスコ平和条約により，南樺太と千島を放棄したが，ソ連がこの条約に加わらなかったため，その帰属が未定のままに置かれたからだ。

　1955年から日本はソ連と平和条約締結に向けた交渉を行うものの，歯舞群島，色丹島，国後島，択捉島の帰属が焦点となる。ソ連側は平和条約の締結を条件に歯舞・色丹の引き渡しを提案したが，日本は逡巡の後，国後・択捉の継続交渉を要求する。その結果，歯舞・色丹の引き渡しのみが明記された共同宣言というかたちで両国の関係は正常化された。

　その後，日本政府は千島に属していない国後・択捉を含む「固有の領土」を「北方領土」と呼び，「四島返還」を強く要求し，今日に至る。これに対し，ソ連は領土問題の存在そのものを否定した。

　近年は日ロ双方に建設的な雰囲気が生じている。1993年10月の東京宣言では「四島の帰属問題を解決する」合意がなされ，ロシア側は「二島引き渡し」について再び踏み込んだ発言をするようになった。パスポート・ビザなしによる相互往来や，日本側による四島周辺海域の安全操業など，国境地域の信頼醸成も高まり，内外の様々な利益のみならず，国境地域の住民の立場を考えた問題解決への機運が生まれている。

第2章　国境をゲートウェイにする
：秋野豊のメッセージ

博物館で境界研究（ボーダースタディーズ）の展示をシリーズとして続けることを決めたときに，そのどこかでやろうと思っていたこと，それが日本における境界研究の先駆者たちの展示である。ただ境界研究という言葉も世間に知られず，それに従事している研究者たちも自らが境界研究を担っていることに気がついていない状況で（私自身もかつてそうであったが），いきなり先駆者というわけにもいかないだろうから，やれるとしたら最後だと考えていた。そして，その一人として秋野豊を取り上げなければならない，彼の仕事をユーラシアと境界研究のなかで位置づけなければならないと思い続けてきた。第1期で「ユーラシア国境の旅」を展示してから4年，第9期展示（2013年9月1日より）でその機会を得た。本展示ではソ連解体からユーラシアの地域秩序が再生されていく時期を中心に，秋野豊がそこで見たもの，考えたことを再現しようとした。ここでも地図を作り，その地図のなかに秋野豊の旅の記録を重ね合わせてみた。展示の冒頭文をまとめておく。

秋野豊は北海道・小樽で生まれ・育ち，北大で学び，ソ連解体後のユーラシア大陸の激動を短期間で駆け抜けた政治学者である。1998年4月から国連政務官としてタジキスタンの平和維持活動に従事し，7月に現地で凶弾に倒れたが，研究者時代の学風は堅実な歴史分析を礎にしながらも，自分の足で現場を追いかけ，自分の見たもの・聞いたことを素材に，世界のグランドデザインを描くスケールの大きなものであった。ユーラシア空間が再編されていく，その現場から同時代史としてこれを発信しようとした手法は，消え・動き・そして新たに作られようとする境界地域を追跡するボーダースタディーズ（境界研究）のパイオニア的な業績を生み出した。また現地に暮らす人々に少しでも近づこうとするまなざしも秋野の仕事から受け継がれている。秋野は小樽についてはこう語った。「ここを『砦』にしてはならない。そうなれば，国境地域に暮らす人々は死ぬしかない。砦ではなく『ゲートウェイ』になる。これしか生きる道はない」。そして，「老後は国後で小さな店でも開いて，ロシア人と一緒に暮らしたい」と。

本章では，前章でトレースしたユーラシア国境の変貌を，ボーダースタディーズの先駆者としての秋野豊の生涯と重ね合わせながら照射する。

NHK「国境紀行」から

タジキスタンにて

秋野豊同時代史年表

1968年 8月	「プラハの春」からソ連軍のチェコスロヴァキア侵攻		年半以上にわたり全土で戦闘。死者20万，難民・避難民200万
1982年11月	ブレジネフ・ソ連共産党書記長死去。後任にアンドロポフ	5月	タジキスタン内戦開始。ドゥシャンベで市街戦（内戦の死者は5-10万）
1983年 9月	大韓航空機，サハリン沖にてソ連軍により撃墜	5月	モルドヴァ共和国，沿ドニエストル共和国に軍事介入，戦争へ(7月まで)
1984年 2月	アンドロポフ死去。後継はチェルネンコ	8月	グルジア軍がアブハジアのスフミ占領

変わるソ連・東欧：ペレストロイカから解体へ

1985年 3月	チェルネンコ死去。若きゴルバチョフ，54歳で新書記長に就任。外相にシェワルナゼを抜擢	1993年 5月	トルコとアゼルバイジャンがパイプライン建設に向けて文書調印。BTC(バクー・トビリシ・ジェイハン)構想が始動(2005年完成)
1986年 6月	ペレストロイカが提唱される	9月	アブハジア軍がスフミ奪還
12月	カザフスタンのアルマ・アタ(現アルマトゥ)でデモ隊と治安部隊の衝突	10月	ロシアで大統領と議会の対立激化，エリツィンによるホワイトハウス攻撃
1987年 8月	バルト3国，独立要求デモ		タジキスタン南部でパミール人やガルム人に対する虐殺
1989年 5月	中国・天安門事件。ゴルバチョフと鄧小平「中ソ和解」		ロシア極東で「中国脅威論」が沸騰(1996年頃まで)
11月	「ベルリンの壁」崩壊。東欧革命	1994年 1月	NATO，平和のためのパートナーシップ協定により東欧との関係再編
1990年 4月	中国・新疆ウイグル自治区の阿克陶県・巴仁郷にて「暴動」。政府により鎮圧されるも，以後，ウイグル人による反政府活動が頻発	5月	グルジア・アブハジア停戦合意
		12月	ロシア軍，チェチェン侵攻(第1次チェチェン戦争)
1991年 4月	グルジア独立宣言。ガムサフルディア大統領へ	1996年 4月	中ロ「戦略的パートナーシップ」宣言
5月	中ソ東部国境協定(アムール川・ウスリー川など4200kmをカバー)		ロシア，中国，カザフスタン，クルグズスタン，タジキスタンの5カ国が上海に集まり，国境地域の信頼醸成措置の導入(後に上海協力機構へ)
6月	クロアチアとスロベニアがユーゴスラビア連邦から独立宣言（クロアチアとセルビアの戦争は1995年まで）	1997年 1月	ロシア軍，チェチェンより撤退
7月	ウクライナ主権国家宣言	6月	タジキスタンで和平成立
9月	マケドニアがユーゴスラビア連邦から独立	6-7月	ロシア・中央アジア対話ミッション(団長・小渕恵三)
8月	ヤナエフ・ソ連副大統領らクーデター失敗。ソ連の多くの共和国が独立宣言	7月	橋本龍太郎首相「ユーラシア外交」を提唱
9月	ナゴルノ・カラバフ共和国設立を宣言。以後，アゼルバイジャンとの紛争激化	9月	小渕恵三外相就任
12月	ゴルバチョフ・ソ連大統領辞任。ソ連解体。全共和国独立へ	11月	中ロ東部国境協定の履行が宣言(一部を除きロシア極東の国境問題解決)
			橋本首相，エリツィンとクラスノヤルスクで会談，2000年までに領土問題を解決し，平和条約を結ぶことで合意

ユーラシアの誕生：カオスから広域秩序の形成へ

1992年 1月	エリツィン大統領の下，民主ロシア始動	12月	ポーランド，チェコ，ハンガリー，マドリード首脳会議でNATO加盟に前進
	グルジアでクーデターによりガムサフルディア追放，シェワルナゼが国家指導者へ		
3月	ボスニア・ヘルツェゴヴィナ独立宣言。以後，3		

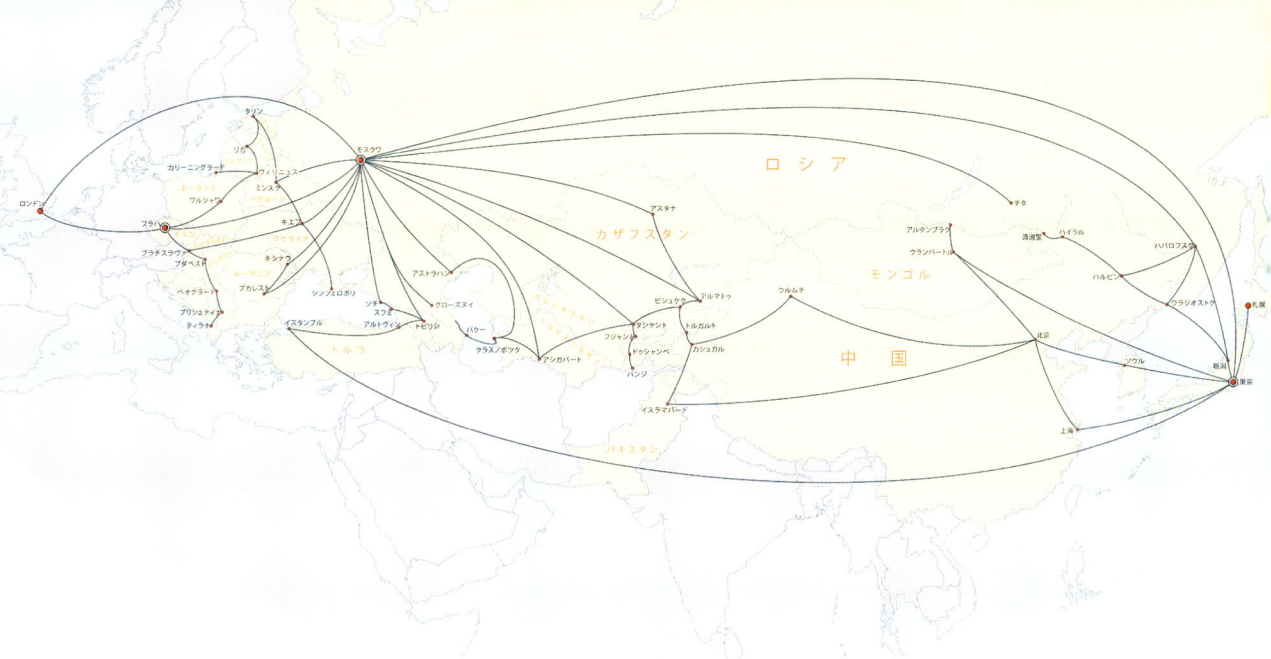

ユーラシア調査の足跡

秋野豊年譜(1950年7月1日～1998年7月20日)

1950年7月1日	北海道小樽市入舟(いりふね)に生まれる。生家は樺太でも経営を営んだ薬品問屋「一の秋野」。6人兄弟の5番目。父・武夫は日本を代表するスキージャンプ指導者。
1963年春	小樽市・量徳小学校卒業，住吉中学校入学。勉強が不得手で体が小さくコンプレックスの強い幼少期だが，開放的で懐の大きな家族に囲まれ，自由奔放に育つ。柔道を始める。
1969年3月	小樽市・潮陵高校卒業。高校時代は柔道部で活躍し，「大将」に(全道4位)。
1970年4月	東京で浪人後，早稲田大学政治経済学部入学。大学にはあまり行かず，高校時代の柔道仲間と遊ぶ。札幌帰省中に病院で南出洋子と運命の出会い。
1974年4月	札幌に戻り，北海道大学法学部に学士入学。直後に南出洋子と結婚。
1976年4月	北海道大学大学院法学研究科進学。チェコスロヴァキア問題に関心を持ち，得意だった世界史をベースに歴史研究(国際政治・冷戦史)に目覚める。北大スラブ研究施設(現・スラブ研究センター)伊東孝之，木村汎らの指導を受ける。
1977年4月	長女さやか出生。
1979年8月	ブリティッシュ・カウンシル奨学金によりロンドン大学で研究。公文書館で第2次世界大戦の英ソ関係の未公開文書を調査する。
1981年2月	帰国。8月より北大法学部助手に採用。
1982年3月	次女ひかる出生。4月より北大スラブ研究センター研究員兼務。
1983年3月	博士論文「独ソ開戦と英対ソ政策：偽りの同盟から大同盟への道」を提出。
1983年12月	在モスクワ日本大使館専門調査員として赴任。ペレストロイカ前夜のソ連の内政外交を分析。
1986年9月	筑波大学社会科学系講師に採用(88年11月，助教授に昇任)。ソ連の対東欧・対アジア政策など数々の論文・著作を発表し時代の寵児へ。歴史学者を止め，現在と向き合う政治学者になると宣言する。著作として『世界は大転回する』(講談社，1990年)，『欧州新地図を読む』(時事通信社，1991年)，『ゴルバチョフの2500日』(講談社，1992年)など。
1992年9月	東西研究所(ニューヨーク)との共同プロジェクト開始(1994年2月まで)。東西研究所欧州センター(プラハ)と東京，モスクワを拠点に旧ソ連・東欧地域の現地調査が本格化。バルカンからコーカサス，中央アジア，中国など国境を越え研究対象を拡大。紛争地域の現地調査や突撃取材などユニークな研究手法を開発。『世界週報』(時事通信社)に連載された激動するユーラシアの現場レポートが論壇やジャーナリズムを揺り動かす。政府のみならず，笹川平和財団，総合研究開発機構など様々なシンクタンクでの調査に関わり，政策決定にも影響力を発揮。
1997年3-4月	NHK「国境紀行」ロケ(タジキスタンを除く中央アジア4国)。
6-7月	ロシア・中央アジア対話ミッション参加(団長・小渕恵三)(モスクワ，トルクメニスタン，クルグズスタン，カザフスタン，ウズベキスタン)。
1998年4月	外務省に転職。国連タジキスタン監視団(UNMOT)政務官として赴任。
7月20日	首都ドゥシャンベ東方170kmのタビルダラにて任務中に，反政府組織の若者に襲撃を受け，3名の国連監視団員とともに殉職。

秋野豊と北海道

■**秋野豊のルーツ　薬問屋「一の秋野」と樺太**

　秋野豊のその奔放で絶えず前に進もうとする生き方は，生まれ育った家族の影響を受けている。近江八幡に生まれた祖父・清水音治郎は西川本店に入店し，丁稚奉公の後，1871（明治3）年10月，小樽に近い忍路(おしょろ)の同北海道支店での勤務を命じられ，北前船で移住。その後，北海道で最も古い札幌秋野総本店薬局の養子となるが，時代の機微を見るに優れた音治郎は，1900年に分店を小樽に開くと屋号「一の」を受け継ぎ，小売りから卸問屋に転向。日露戦争時には第一艦隊の御用商人になり，船の酒保として食料，雑貨，和洋酒などを扱い，軍とともに樺太に進出。1905年の日本軍によるサハリン全島占領時には，実弟辻清太郎とともに北緯50度線を越えたアレクサンドロフスク（亜港）に支店を置くと，同年に大泊（コルサコフ），翌06年には真岡（ホルムスク）にも店を構えた。

　ポーツマス条約でアレクサンドロフスク支店がロシア側に残ることになったとき，音治郎らはポーランド人グスタフ（ワルシャワ大卒でポーランド独立

右端がグスタフ（アレクサンドロフスクにて）

運動に参加し流刑）に店をまかせ，小樽を拠点に薬舗経営に専念する。グスタフは年1回，売り上げと帳簿を持って小樽を訪れていたが，1917年のボリシェヴィキ革命勃発とともに島を脱出。小樽からマルセイユを経て祖国ポーランドへと帰国する。音治

前列右4人目がグスタフ（小樽・一の秋野本店）

郎は敗戦を迎える1945年まで、本家札幌から独立し樺太で小売りを営む各地の「一の秋野」薬舗に卸しを続けていた。

この激動の20世紀前半に「一の秋野」とともに育ったのが、豊の父である。日露戦争が勃発した1904年に生を享けたことで、ロシアで活躍した「軍神」広瀬武夫にちなんで武夫と命名される。

■秋野豊のルーツ　武夫と豊の兄弟たち

樺太で事業を展開し、港町の小樽に拠点を置いた「一の秋野」は開放的で進取の気性に富んだ雰囲気に包まれていたが、武夫の生き方にも反映される。小樽中学でスキーを始めた武夫が、東京薬学専門学校（東京薬科大）を卒業し、家業を継ぎながら、ノルウェー人の指導を受けるなどジャンプの世界へのめりこむ。1936年ドイツ冬季五輪大会に日本選手団トレーナーとして参加し、指導者としての才能を開花していく武夫は、アイデアマンとしても知られて

治郎、豊、実の三兄弟（左から）

いた。真夏のイメージトレーニング、8ミリによる撮影と選手を集めた映写会、小さいジャンプ台での数をこなす実践。いまでは当たり前にみえる練習法も当時としては斬新であった。陸軍中尉としても、スキーを含む冬季装備の開発、戦争末期の阿寒湖・北海道決戦の立案（第7師団参謀本部作戦担当）と才能を発揮する。特筆すべきは、札幌琴似生まれの渥美コトとの結婚式だろう。いまでは北海道の定番となった披露宴の会費制だが、最初に敢行したのは武夫だといわれる。1938年のことだ。

武夫は子どもたちを一人前の大人として扱い、家族は年に関係なくファーストネームやあだ名で呼び合う。食事はトマト味のボルシチ風。その父に何よりも傾倒し、柔軟な発想を大いに学んだのが豊であった。なかでも「フィフティ・フィフティ（五分五分）」は2人の合い言葉だった。可能性が「半分」あれば進む。やる・やらないなら、やる。どうせやるなら、人のやらないことを。これが豊の人生の指針となっていく。

年子の弟・実の存在も豊の人格形成に大きな影響を与えた。「虚弱な」豊と比べ、勉強もでき体格もよい実は大きなライバルとして立ちはだかった。実のケーキを奪って食べるなどちょっかいを出し続ける豊。けんかの絶えない2人。辟易した武夫は2人に刃物を渡し小屋に押し込める。「おまえたち、気が済むまで徹底的にやれ」。その後、2人は仲のよい兄弟へと変わる。体を鍛えて弟を追いかけてきた兄は、やがて北海道で一緒にラグビーチームを結成。年功序列、精神主義が当たり前のラグビー界で、十

オリンピックにて（右から4人目が武夫）

武夫を記念した小樽スキー博物館

バイクで九州一人旅（1973年）

万里の長城で娘たちと（1985年）

北大キャンパスのクラーク像にて

歳年の差があるチームメートがファーストネームやあだ名で呼び合う。豊が指名したキャプテンはチーム最年少の21歳。ユニークなチームだった。

■豊と仲間たち

「五分五分」ならやる。やるなら徹底的にやる。豊が本領を発揮し始めたのは，高校に入ってからである。中学から柔道を始めていた豊は，弱かった潮陵高校柔道部を徹底的に鍛え上げる。練習で偶然，豊に膝でもつかせようものなら，何十本も投げられ続けるはめに。豊は自分からやめようとは決して言わなかった。その豊が仲間たちの全面的な信頼を勝ち得たのが，後志地区大会での余市高校との決勝戦であった。タイで迎えた大将戦，豊はあざやかな一本勝ちで勝利を収め，厳しい練習の意味を仲間たちに体で示した。ここから「大将」というあだ名がつく。高校卒業後，OBとなったあとも，しばしばオートバイで道場に乗り付け，窓から道着を放り入れて乗り込み，後輩たちを震え上がらせた。

東京で腰を痛めた豊だったが，北海道に戻りラグビーへと転向したあともすさまじいトレーニングを日々自らに課した。ラグビーの試合や練習の直後に徹夜で論文を書き英語の本を読み倒す。語学上達の早道は辞書をAからZまで5回読み通すこと。ものごとへのこだわりと一度言葉にしたことを実現しようとする姿勢は徹底していた。北海道の豊の友人たちはみな口をそろえて言う。尋常ならざる意思の強さ，有言実行，リーダーシップ，パイオニア，そして欠かさぬユーモア。豊は小中高では落ちこぼれであったが，否，そうであったがゆえに，思いやりと反逆心にとみ，束縛へ抵抗する自由人であった。

自らをはぐくんだ北海道への思いは人一倍強かった。2人の娘，さやか，ひかるの名前は北大恵迪寮の寮歌「都ぞ弥生」から取ったものだが，豊，実と名付けた父・武夫をまねたものである。豊もまた娘たちを一人の大人として接し，幼少の頃から「ヤングレディ」と呼んだ。

ユーラシアの覚醒（1993-1997年）

北大で学位を得たあと，モスクワの大使館で専門調査員として勤務した秋野豊は，ソ連と東欧の激動に邂逅することで，「安全な仕事」に終始し，「具体的問題については判断せず逃げ込む」歴史学者から「場当たりで直感的な」政治学者へと変貌する。東欧の激動で「私の逃げ込むべき歴史の殻が破壊された」（『世界は大転回する』）。ソ連によって長年氷漬

けにされ，現在と切り離され自己完結していた過去が現在の変動のなかでよみがえるとき，目の前で起こっていることを現場で追跡する．これが筑波大学で1990年から92年まで3冊の本を書き上げたあと，秋野が追い求めていくテーマとなった．

■「場当たりで直感的な」

同時代の年表を見れば，秋野豊はその激動をリアルタイムで追いかけることを目指していたことが明らかになる．彼の現地調査は1992年9月に東西研究所とのプロジェクト開始にともない，プラハを拠点に本格化していく．最初は専門に近い中東欧からバルカン，ウクライナへと足を運んだ．1991年6月から始まるユーゴスラビアの解体と内戦，独立直後のウクライナやモルドヴァの動き，これらに焦点をあてるかたちで1993年秋のバルカンを皮切りに94年前半にかけて一帯の調査に赴いた．「プラハに

一見，のどかな旧ユーゴスラビアの風景

来てからなぜかユーゴという『現場』を避けていた．迷った挙げ句一人で車を運転してユーゴに入った．ハンガリーの国境で予備のガソリンタンクを6個買った．事故があれば衝撃で吹き飛ぶという感覚は悪くない．毎日人が無意味に死んでいく国にふさわ

Reports

- 1993年9月 「なお大量の血を求めるユーゴの情勢」
  『世界週報』1993年10月19日号
- 1993年11月 「ロシアは旧東側陣営で『巻き返し』に出た」
  『世界週報』1993年11月23日・30日号
- 1993年12月 「分裂か再吸収か ウクライナの危機」
  『世界週報』1994年新春特大号
- 1994年2月 「クリミアが『スラブ連邦』結成の触媒になる」
  『世界週報』1994年3月22日号
- 1997年1-2月 「旧ソ連共和国の国境を見る」
  『世界週報』1997年7月22日・29日号

中東欧での足跡

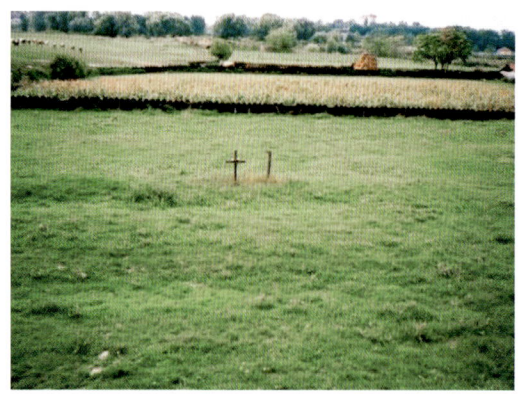

ヴォイヴォディナの憂鬱

しい感情だ」(「秋野豊の東欧ファクシミリ通信」)。こうして秋野豊はヴォイヴォディナの虐殺現場(第2次世界大戦時にこの地を支配し虐殺を行ったハンガリー人にセルビア人が報復した場所)を発見する。「2万とも3万ともいわれるハンガリー系が犠牲となった。小学校の校庭ぐらいの広さの下に大量の死体が埋められそのままだ。5カ所ほど，50センチくらいのくぼみは六千体ともいわれる死体が朽ち果てたことでできたものだ。草がぼうぼうと茂り，豚が走り回る，みすぼらしい十字架が2つ立っているだけで後は何もない。風景が示すようにこの虐殺には何の裁きも下されていない」。歴史と現在が結びついた，この瞬間から秋野豊の「知られざる事実」を追い求める旅が始まった。

■コーカサス：現場ルポへの傾倒

秋野豊にとって転機となった調査がこれに続くアブハジアとグルジアの国境訪問である。グルジアからの自立を強めていたアブハジアの首都スフミを1992年8月にグルジアが占領。1993年12月に秋野豊が当時，「独立新聞」記者であったイーゴリ・ロータリと一緒に調査に訪れたのはアブハジアがス

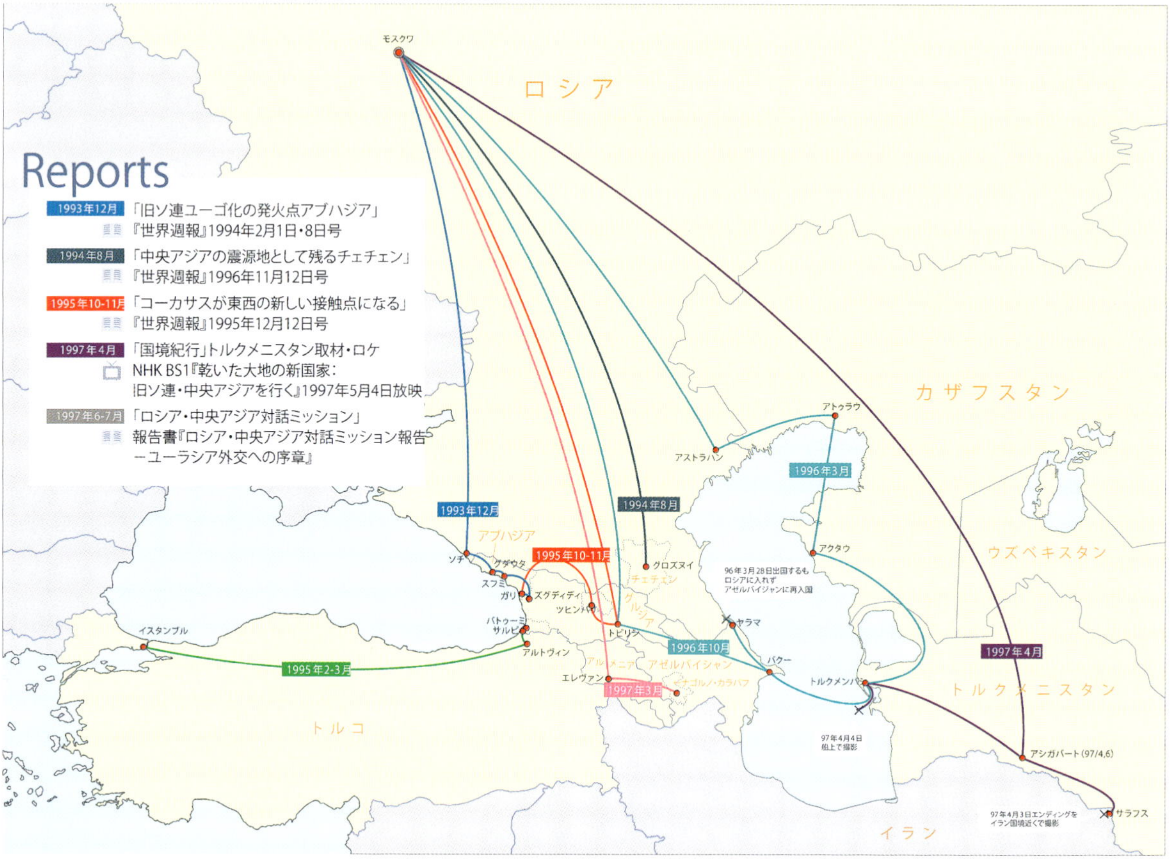

Reports
1993年12月 「旧ソ連ユーゴ化の発火点アブハジア」
『世界週報』1994年2月1日・8日号
1994年8月 「中央アジアの震源地として残るチェチェン」
『世界週報』1996年11月12日号
1995年10-11月 「コーカサスが東西の新しい接触点になる」
『世界週報』1995年12月12日号
1997年4月 「国境紀行」トルクメニスタン取材・ロケ
NHK BS1『乾いた大地の新国家：旧ソ連・中央アジアを行く』1997年5月4日放映
1997年6-7月 「ロシア・中央アジア対話ミッション」
報告書『ロシア・中央アジア対話ミッション報告－ユーラシア外交への序章』
モスクワ
ロシア
カザフスタン
ウズベキスタン
トルクメニスタン
トルコ
イラン
アトゥラウ
アストラハン
1996年3月
1993年12月
1994年8月
アブハジア
1995年10-11月
ソチ
グダウタ
スフミ
ガリ
ズグディディ
ツヒンバリ
グロズヌイ
チェチェン
グルジア
アクタウ
96年3月28日出国するも
ロシアに入れず
アゼルバイジャンに再入国
ヤラマ
イスタンブル
バトゥーミ
サルピ
アルトヴィン
トビリシ
1996年10月
バクー
1995年2-3月
アルメニア
アゼルバイジャン
エレヴァン
1997年3月
ナゴルノ・カラバフ
トルクメンバシ
1997年4月
97年4月4日
船上で撮影
アシガバート(97/4,6)
97年4月3日エンディングを
イラン国境近くで撮影
サラフス

コーカサスを中心に

第2章 国境をゲートウェイにする　25

カラシニコフで武装するアブハジア民兵

廃墟となったスフミ

ロシア人コサック（スフミ）による尋問

ガリに残されたグルジア老人と廃屋となった自宅

フミを奪還した後である。廃墟となったスフミに入った秋野は現地を支配するロシアのコサック隊長と交渉してグルジアとの国境地域に連れていってくれと頼み込む。隊長は自動小銃を天井にぶっぱなして言った。「真実を書くなら連れて行く。しかし、嘘を書いたら、モスクワでも東京でも追いかけておまえを殺す」。「俺たちが信じるのは自分の眼でみたことだ」。こう答える秋野たちに隊長はもう一度、今度は至近距離に向けて銃をぶっぱなす。ダダダダダ。耳がまた抜ける。秋野は今度こそ死んだと思った。「真実とはロシアは偉大だということ」。隊長はこう捨て台詞を残した。

　この調査を通じて秋野が現地で見たものは、凄惨な現場であった。喉をかき切られて舌をそこから引き出し蝶ネクタイのように殺す「アブハジア・ネクタイ」。これを見た秋野は札幌に戻ったあと、友人たちにその衝撃を語っている。「93年の年越しは悲痛だった」。だが、この凄惨な現場をレポートした『世界週報』の記事には、自分の眼で見たとは書かれていない。秋野は現場での約束を守ったのだろうか。

■中央アジア・タジキスタンとの出会い

　秋野豊のルポのなかで最も傑出したものが、1994年5月に敢行したタジキスタンでの調査報告である。この旅もイーゴリと一緒だった。1992年5月から始まった内戦は、旧共産党を引き継いだナビエフ政権に反対して勢力を伸張させた中部のガルム系と東部パミール系のタジク人が主役となったが、北部のフジャンド（旧レニナバード）、南部クリャブ系タジ

タジキスタンの現場へ向かう

家族の男たちは皆殺されたと訴えるガルム系の難民

ク，西部ウズベク系の連合の攻勢にあう。そのなかで相互の虐殺の舞台となったのが，アフガニスタン国境に近い南部クルガンテッパであった。1992年春からガルム系の反対運動が優勢だったときに先に手を出したのは彼らだったが，報復は後に数段激し

く返された。秋野はこれを「苛烈さは，ボスニアにおける状況に勝るとも劣らない」「数年後にゲリラとなる可能性のある少年も数多く殺された」と表現する。秋野は現地でアフガニスタンに避難し戻ったばかりの人々から聞き取り調査を行った。現場で治

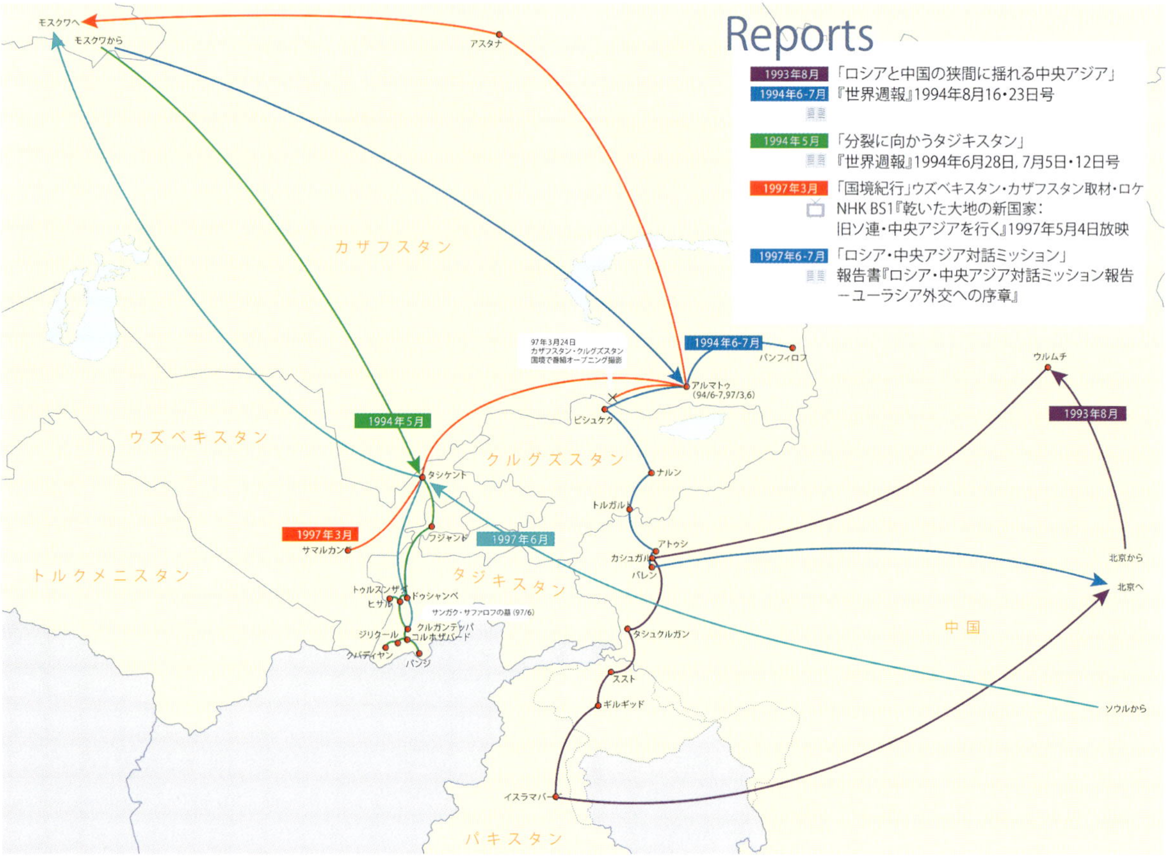

中央ユーラシアでの足跡

第 2 章 国境をゲートウェイにする　27

　安維持にあたっている者がいつ暴漢に変わるかわからないといった緊張感がルポからは伝わる。それは秋野が 1993 年 8 月に新疆カシュガルからカラコルム峠を越え，怖がる運転手の代わりに自ら白タクを運転しイスラマバードへと向かった途上で見たシーンと同じだ。タジキスタンでも秋野はパンジの検問所で，武器運搬の取り締まりを名目としつつ，通過する車から金品を略奪する現場を二度も見る。夜間の蛮行は激しく，報復を恐れた住民たちの口は重い。権力は人々をときに守るが，簒奪も行う。

■ユーラシアのなかの中国
　旧ソ連空間と隣接する中国を秋野豊は早くから意識していた。カシュガルでウイグル弾圧に関わる何かを撮ったのだろう。そのフィルムを抜かれた翌1994 年 7 月，クルグズスタンからトルガルト峠を越えてカシュガルに戻った秋野は 1990 年 4 月の騒

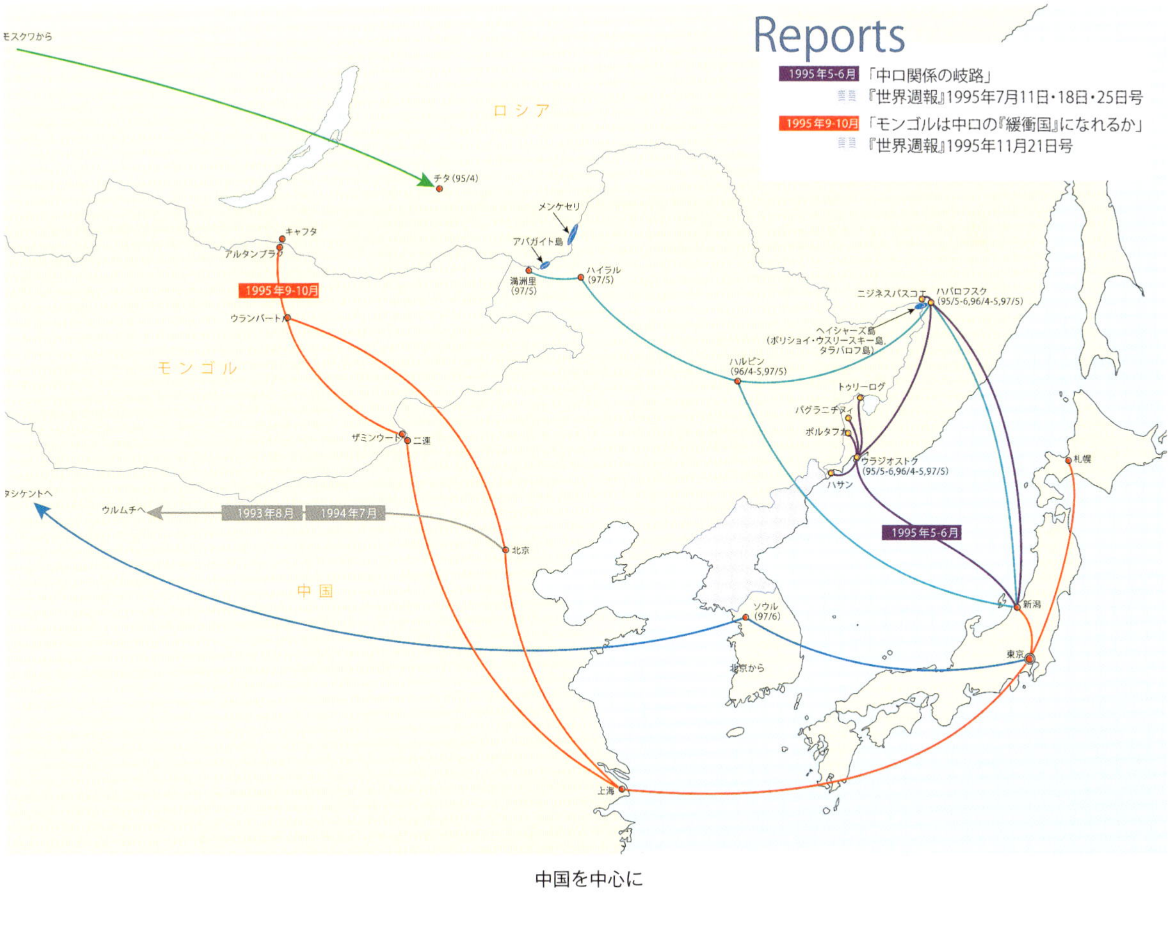

中国・新疆ウルムチにて（1993 年 8 月）

中国を中心に

モンゴル・中国国境近辺の市場

乱鎮圧後, 地図から消されていた巴仁郷(バレン)を目指す。路上で公安に拘束された秋野は30時間の取り調べを受け, 10日間のビザ短縮措置および写真没収の上, 解放される。北京から帰国を余儀なくされた秋野は日本の在外公館の「放っておけ」という冷淡な対応に怒り心頭だったが, 8月にはロシアと戦争前夜のチェチェンへ, イーゴリと向かう。1995年に入ると秋野は中国をまわりから攻めるべく, 4月に内モンゴルそばのチタ州, 5月から中口朝の3国国境からハバロフスク近辺の係争地黒瞎子島(ヘイシャーズ)(13頁地図)へと向かう。9月はウランバートルに飛び, ロシアとの国境キャフタを見たあと, ザミンウードから車で中国・二蓮に出る。1996年4月, 1997年5月とウラジオストク, ハバロフスク, ハルビンを回るルートで調査を積み重ね, 内モンゴル満州里をはじめ, 中国からもロシア国境にアプローチする。秋野は欧州から東アジアへとつながるユーラシア東西における中国の存在の大きさをいつも考えていた。「ロシアより中国が厳しい」は口癖であった。

■国境越えトライアル

1992年から97年頃までのユーラシアは空間再編の過渡期であった。秋野はユニークな調査法を思いつく。新興独立国にビザなしで入れるか, それともロシアのビザが使えるか。秋野はわざと入国時にトラブルを起こすことで, モスクワの影響力の変化を測ろうとした。いち早くビザを導入したグルジアやウズベキスタンに独立への決意を見出し, ロシアのビザで入れるクルグズスタンやタジキスタンにその依存の強さを感じる。モスクワから遠い「独立国」の国境にロシア人兵士の姿を見て, ここはまだロシアに抱かれていると確信する。この成果をもとに秋野が描いたソ連解体後のロシアと旧共和国の関係チャートは, ユーラシアの刻々と変わる情勢に振り回されていた日本の外交政策サークルの心をとらえた(笹川平和財団秋野豊講演録より)。総仕上げとなった1997年1月から2月に, 秋野はリトアニア, ラトビア, エストニア, ベラルーシ, ウクライナ, モルドバ, ルーマニアをかけぬける。帰路の航空券なしでも空港でビザ取得ができていたモルドバから送還され, プラハから列車に飛び乗りリトアニアからラトビアに入ったところで追い返されたことで, 時代の変化に気づく。ロシアの飛び地カリーニングラードに出入りしたあと, ミンスクでウクライナのビザを取得, 帰路の航空券を準備したモルドヴァの空港で今度こそビザを取得。ルーマニアに抜けて旅は終わった。この旅で秋野はユーラシアの着実な国家形成を実感する。ところでこの頃, 口癖のようにアフガニスタンに行きたいと言っていたと筑波大学の教え子たちが記憶している。過渡期のユーラシアに残された場所は多くはなかった。

■「国境紀行」からの旅立ち

1997年3月から4月にかけて, アルメニアからナゴルノ・カラバフに入った秋野豊は, NHKの特番「国境紀行」収録のため, 中央アジア・ウズベキスタンのタシケントに向かう。撮影クルーを中国国境のトルガルト峠, イラン国境に近いトルクメスタンのサラフスに案内するなど, 秋野は中央アジアの国家づくりに向けた格闘の現場を視聴者に伝えようとした。前年3月のコーカサス調査(アゼルバイジャンを出国したもののロシア・ダゲスタンで追い返された秋野は, バクーに戻り, 今度は船でカスピ海を渡ってトルクメニスタンに入り, カザフスタン経由でアストラハンに抜ける)の経験も踏まえ, トルクメンバシから船に乗り, 海の境界ロケも敢行。この後, ソウル経由でタシケントに再び入り, タジキスタンを再訪。南部クルガンテッパ近くにある, 内戦で勝利したクリャブ系の指導者サンガク・サファロフの墓を訪れ, 内戦終結のニュースを聞く。

第2章 国境をゲートウェイにする　29

タシケントでNHKクルーたちと

若かりし頃，自宅にて（1974年）

チェチェンにて

第9期「境界研究　日本のパイオニアたち」

展示に協力頂いたご家族と友人たち

　タジキスタンの国家再建はユーラシア秩序再編の第1幕の終わりを意味していた。
　ところで秋野は『コーカサスの金色の雲』（三浦みどり訳，群像社，1995年）を買い込み，兄弟に配るほど気に入っていた。これは，移住したコーカサスの地でチェチェン人の抵抗運動により，兄を目の前で失ったロシア人の子どもが，チェチェン人の子と生死をともにすることで，新たな「兄弟」として再生する絶望と希望の交錯する物語だ。アブハジアやタジキスタンで彼が見た光景がこのなかには描かれているが，豊は自分と実の姿も重ね合わした。

■日本への警鐘
　秋野は欧州の地図の変化を感じ取った1980年代の終わり，「東欧，ソ連，アジアの専門家はそれぞれは違う動きをすると考える。だが東欧，ソ連，そしてアジアを一つのリンクとして，この3つの領域を同時に考えていかなければ，これから何が起こるかは正しく把握できないのではないか。そのような問題意識をもちながらも，さしあたり東欧とソ連を中心に論じる」と語っていた。これに続くソ連空間の解体，そして隣接地域，とくにアジアとの相互作用を通じた空間の再編は彼にユーラシアという枠組

を与え，そのユーラシアの激動を現場で見届けた秋野は「ユーラシアの寵児」であった。彼のフィールドワークそのものにはならなかったが，そのなかで秋野は日本の将来も見据えていた。「経済大国日本は冷戦期に栄華をきわめた。だが，ある時代にもっともうまく適合できた国は，その華々しい成功ゆえに新しい環境に適合できず没落してしまいかねない。われわれ日本人には次の戦いが待っている。日本もまた渦中にある」。北方領土問題の戦略的解決，アジア全体の構造変動をもにらみながら，秋野はロシア・中央アジア対話ミッション（1997年6-7月）に参加するなど，新たな日本外交の創出に関わろうとしていた。およそ権威的なものを嫌う秋野がなにゆえ政策エリートに自ら近づこうとしたのか，謎を解く鍵がここにある。また軍とともに樺太に渡った祖父，冬季作戦の雪上戦に軍用スキーの利用を立案した父と等しく，豊にとって権力とつきあうことに抵抗感はそもそもなかったのだろう。権力の冷たさを熟知しながらも，それで人々を守ることができるのであれば。いま中国の台頭，ロシアの復活，揺らぐ日米同盟など，ユーラシアの変動の第2幕が渦中に入りつつある。だが秋野豊のメッセージはいまだ十分には届いていない。

第3章　海疆ユーラシアと日本

　第1期展示の「ユーラシア国境の旅」を準備すると同時に手がけたのが，第2期「知られざる北の国境―北緯50度の記憶」(2009年12月-2010年5月) である。ユーラシアの国境問題のなかで日本のことを取り上げる流れを考えていたが，北大総合博物館でやる以上，北の国境・境界こそがキラーコンテンツであるとの結論に至る。その展示資料探しの旅で，根室の資料館に眠る樺太の日露国境標石第2号を借りて展示の目玉にすることを思いつく。かつて日本が隣国と陸国境を共有していたことを多くの日本人が忘れている。陸国境の記憶を思い出すことは，日本とユーラシアとの関係性を考えるための契機になるとも考えた。そこには幸いにも南千島(国後)と根室を結ぶ海底電信ケーブルも残っていた。この電信庫の保存のために尽力してきた整骨師の久保浩昭さんの熱意と活動は，根室と南千島が一体となった「生活圏」であったことも思い出させる。本展示が「記憶」と銘打たれたのはこのような理由からだ。

　標石につぐ柱がほしい。ここで思いついたのが，シベリヤ・シリーズで知られる香月泰男画伯に関する展示であった。ユーラシア研究にとってのシベリアの意味，また山口出身の画伯が教師として最初に赴任したのが倶知安であることなど，北海道との縁もある。画伯自身が北海道に思いを持ち続けてきたことがご家族の積極的な協力を得ることにつながった。とはいえ，「博物館に絵を展示する」。あまりに大胆な提案は周囲に驚愕をもって受け止められ，実現には困難が立ちはだかった。関係者のご尽力のおかげで，「業火」の現物展示は，デジタル化したシベリヤ・シリーズ，ハイラル通信のモニター・パネル展示とともに境界研究による博物館展示の実験に大きな力を与えた。標石と絵画は地元メディアに何度も大きく取り上げられた。第9期「境界研究　日本のパイオニアたち」でも再び，画伯の展示を公開した。

　日本の北国境の展示づくりの途上，次に来る南西をどうするか考えていた。沖縄を北海道に持ってくる，は当初からのプランだ。日本の現国境は海に覆われている。海との関係をどう表現するか，そのなかで与那国，対馬，小笠原などの国境離島をどう位置づけるか。コンセプトが必要であった。ここで地図をもとに考えたのが，ユーラシア大陸から太平洋

巡回展（九州大学中央図書館・福岡）

巡回展（沖縄県立博物館・那覇）

へ向かう広範な島嶼群のなかでの日本の立ち位置である。この島嶼群を含む大陸と海域が接触し相互に影響を与え合う地域を「海疆ユーラシア」として描いてみた。その主な理由は2つある。第1に、ユーラシアの周辺海域の囲い込みと利用をめぐって関係諸国による競合と協力が交錯している現実がある。ユーラシアは大陸と長年、等値されてきたが、その広大な海域が「新たなフロンティア」として発見されており、沿岸各国による排他的経済水域の主張に目を向けていくべきであると考えた。第2に、この現状を踏まえるなら、オホーツク海・日本海・東シナ海・南シナ海などに個別に焦点をあてるよりも、一連の「ユーラシアの海」として包括的にとらえる視点で論じるべきとも考えた。

かくて第3期展示は「海疆ユーラシア―南西日本の境界」として2010年5月から9月まで行った。前半は、台湾と八重山をつなぐ地域における人と人の交わりを中心とした展示に、大東島と小笠原の紹介を加えたもの、後半は与那国の伝承をもとに韓国との交流を再現した文化人類学の成果展示に、対馬の紹介を加えたものとなった。3期の八重山を軸としたエッセイは次章に譲るとし、本章は北と南の国境地域のエピソードをまとめている。

この2期・3期の「知られざる日本の国境」展示はグローバルCOEプログラムの画期をつくるものとなった。とくにこの期の成果を移動展示として、那覇、対馬、福岡を皮切りに道内もくまなく巡回展化したこと、映像制作会社HBCフレックスとの提携によるドキュメンタリーDVDのシリーズ化は、旧来にない人文・社会系研究領域の成果発信と教育手法の開発として内外に大きなインパクトを与えることになった。境界研究の仲間たちが次々と私たちの事業に参画し始めてくる。

巡回展(函館市中央図書館)

巡回展(函館市中央図書館)

巡回展(対馬市交流センター・厳島)

巡回展(沖縄県立博物館・那覇)

知られざる北の国境：
北緯50度の記憶（北ゾーン）

日露国境標石第2号，電信ケーブルを，根室市花咲にある「歴史と自然の資料館」から借り，展示ブースを作るにあたり，北海道と千島・樺太の地図をマットで作って，その上に石を置いたらどうかと発案したのも，回る地球儀を考案した伊藤薫（風交舎）である。展示コンテンツの概要は第1期と同様，彼が手がけたが，この期から，本書の編者でもある木山克彦と宇佐見祥子が博物館にグローバルCOEプログラムのスタッフとして加わり，すべての展示を手がけていく。

■樺太日露国境標石

日露戦争（1904-1905年）終結後，ポーツマス条約により，サハリンの北緯50度以南は日本に割譲された。日露の境界である北緯50度線上には，国境標石4基が置かれたが，第2号標石のみが国内に現存している。第1号と第3号についても，この機に北海道大学スラブ研究センターの発案によりレプリカが制作された。

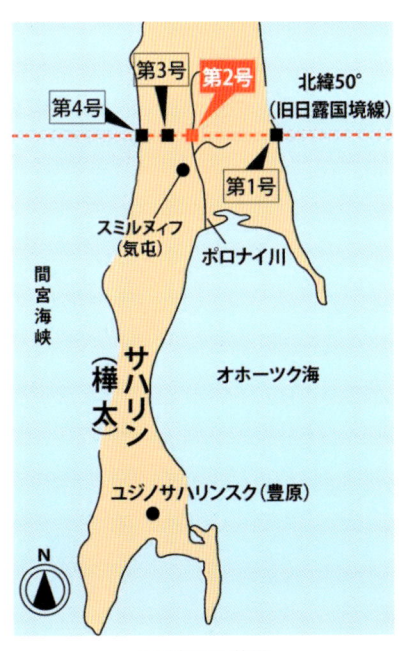

国境標石第2号（歴史と自然の資料館・根室）

地図マットの上に置かれた2つのレプリカ
（ウェザーコック製作）

■意匠デザイン・素材

国境画定作業は日露の共同作業であったが，標石の製作は日本側の「仕事」であった。意匠は志賀重昂によるものであり，刻んだのも日本の石工であった。素材とされた花崗岩は愛知県岡崎産とされる。各標石の文字・意匠，外形，大きさが少しずつ異なっているのは，彫刻作業を現地で行った結果と考えられる。

国境標石の位置

観光客に人気だった第3号標石(工藤信彦氏提供)

難航する国境標石の設置作業

設置作業のひとコマ

■国境標石の設置場所とその後

　天文測量による国境標石4基の間に，地上測量による中間標石17基，木標19基が設置された。国境では，幅10 mで森林が伐採され，東西約133 kmに及ぶ国境線が引かれていた。

第1号…オホーツク海側の旧遠内海岸⇒1987年に国境警備隊が撤去，台座も破壊。サハリンの博物館にて保存，公開されている。

第2号…ポロナイ川右岸⇒1994年に現地住民が確認，1997年根室に移管。

第3号…旧半田付近⇒1949年に撤去。台座は現地に放置。所在は不明。

第4号…間宮海峡側の旧安別付近⇒1997年に現地関係者が撤去，現在サハリンの民間人が保存。

■標石物語

　1990年，スミルヌィフ・サハリンスキー(気屯)在住のアレクサンドル・ツイガノフ氏が第2号標石を発見した。当時ユジノサハリンスク駐在員であった北海道新聞社の相原秀起氏が，日露関係史を示す同資料の重要性を鑑み，その譲渡を折衝し，関係機関により承諾された。ロシアと関係の深い根室に移管したいと考え，有志とともに「根室・サハリン文化交流実行委員会」を組織し，同会より根室に寄贈された。

　日本では珍しい陸の国境は，昭和初期には人気の観光地であった。宮沢賢治，北原白秋をはじめ多くの文人，歌人も樺太を旅している。また，地理の教科書にも取り上げられるなど，知名度が高かった。

　だが1938年1月に状況が一変する。第3号標石近くを通り，女優の岡田嘉子と演出家の杉本良吉が越境・亡命したのだ(杉本はその後，ソ連にて処刑)。翌1939年には「国境取締法」が制定され，国境地

第3章　海疆ユーラシアと日本　35

第2号標石を保管していたツイガノフ氏（相原秀起氏提供）

第3号標石（戦前）とレプリカ（相原秀起氏提供）

第4号標石前の記念写真（相原秀起氏提供）

標石絵葉書　日露両国代表

戦後の旧国境跡（相原秀起氏提供）

帯への一般の立ち入りが禁止された。しかしながら，国境標石を見たいとする観光客からの強い要望も絶えず，樺太文化振興会がレプリカを作成し，当時の樺太庁博物館の前庭に設置した。

　日本の敗戦後，樺太庁博物館は多くの資料とともにロシアのサハリン州郷土誌博物館として引き継がれた。第3号標石のレプリカもまた引き継がれたが，肝心のレプリカであることはロシア側に伝えられず，長く「本物」として扱われてきた。近年，相原氏らの調査でこれがレプリカであることが確認された。

■「知られざる北の国境」

　国境標石をめぐるエピソードとしては，神沢利子の「国境」がよく知られている（『流れのほとり』）。

HBC フレックス制作の DVD

ロシアの兵隊も日本の兵隊もいない，想像していたのとあまりに違う国境の景色に主人公が戸惑う様子がそこには描かれている。鉄柵も門扉もなく，丸太が一本あるだけ。標石を見ながら，主人公はこう思う。「トナカイも鹿も熊も兎も，おのれの思うままに往来しているにちがいなかった。わたり鳥は空をとび，獣や鳥たちににんげんの定めた国境はなかった」。

ところでソ連ペレストロイカ期に HBC（北海道放送）が50度線の国境跡を取材し，モスクワで暮らしていた岡田嘉子から取ったインタビューの映像が残っている。本事業のドキュメンタリー DVD 第1作「知られざる北の国境—樺太と千島」のなかに，これは収録されているが，この DVD のなかでとくに光をあてられたのが，樺太生まれの国境詩人・工藤信彦である。映像は国境標石をアップで映し，工藤の詩の朗読とともに始まる。

　幾つもの戦争による往来と
　国による放棄という名の悪意とが
　何処ぞに見え隠れしていて
　負け犬の遠吠えをしてみたり
　あるいは素知らぬ旅人となってみたりしながら
　境界を跨ぐコンパスの夢想を
　個々に紡いでいる樺太人とやら

　あれがサハリン島　そこが私の生誕の地
　このかたちが　樺太
　　　（空にみるもの・樺太挽歌より抜粋。2002年）

■樺太の国境詩人・工藤信彦

　1930年，樺太大泊生まれ。1945年，14歳のときに樺太庁の緊急疎開令によって離島。その後，札幌南高校，藤女子高校，成城学園高校などで長く国語教育にたずさわり，教育関連の論文，教材づくりで多くの業績を残す。退職後の現在，財団法人全国樺太連盟理事をつとめ，自らの生地である樺太の資料を丹念に収集している。樺太の開拓，植民，引揚の過程をみつめ，問い続け，詩に託し表現する。

友よ

見知らぬ遠い友よ。
君はいつ島を去ったか。
日本の樺太占領軍の戦火に追われて，
対岸のデカストリへ渡ったのは朝だったろうか。

でも君は，故郷韃靼の夕陽を忘れはしなかったろう。

君は知るまい。
ウラジミロフカ，後の島の首都の郊外に在った
西久保神社という小さい社を。
時の戦火の中で戦死した日本の兵士たち九柱が祀られていた社。

私の祖父は，遠い満州，あの旅順の激戦の最中で，
第三軍の将校として戦い死んだ。
その時，祖父二十八，父が生まれて八日目。
私が樺太の地で生まれ豊原に住んだのは，
家庭を喪った父が求めた家の地であった。

戦争が奪うのは故郷だけでは無い。
親の記憶でさえある。

大東亜戦争末期の樺太占領によって，
瞬時にして私は豊原を追われた。
神社山の風景が私の記憶。

私は君を知らない。
でも同じ十四歳の夏。難民は必然だろうか。
国家はいつも国民を助けはしない。

第9期展示「境界研究　日本のパイオニアたち」

工藤信彦氏の講演

友はどう生きたろう。
私は気付けば八十二。生きている。

（2013年5月26日）

不思議な話―二つの地図―

「サハリンⅡ」だの「サハリンⅠ」だの
プーチンのエネルギー戦略が
サハリン島をライトアップする
州都ユジノサハリンスクには
一泊二十万円もするホテルが建っている
日本の企業もこのプロジェクトに参画し
将来の国のエネルギーの一翼を期待している
日本の新聞各紙は挙って記事化して
島の地図は〈サハリン〉と記す

未履修が問われた高等学校の必修世界史
日本中の高校生が所持する検定世界地図
そこに〈サハリン〉は無い
〈樺太（サハリン）〉どころか〈樺太〉という名の島
がある
したがって「索引」を見る
「日本」の項に〈樺太〉は無く
「世界」や「外国」の項に〈樺太〉が在る
地球上の何処に行けば〈樺太〉は在るというのだろう

サハリン島コルサコフ港
かつての大泊の税関の入口に

〈ようこそコルサコフ港へ〉と日本語で書いてあった
私はここで生まれた
ユジノサハリンスクには日本政府が総領事館を置いている
私がかつて住まったところはマンションになっている

私はユジノの街角に佇ちながら
豊原の風を探してみた　風に色は無い
ここは「サハリン（樺太）」なのだろうか
それとも「樺太（サハリン）」なのか
まさしく〈サハリン〉
日本人が総引揚げして六十年が経っている

マスコミもジャーナリズムも　いや学者たちさえ
誰一人問わない文科省検定地図の中の〈樺太〉
すでに無くもはや無かったのではなかったか
でも在る〈樺太〉はファンタジーか
どうでもよいのも放棄論

忘れられているから〈樺太〉は在る
いや　忘れないために〈樺太〉を検定するのか
命名は領有の表象と学者は記す
ファンタジーは郷愁の酵母だろう
ふと　よじれたレイシズムを思ったりする
ほんとうは　ほんとうでないことを知ることで
ほんとうを思ったりして

いま在る地図の不思議である

（2007年1月26日　夜）

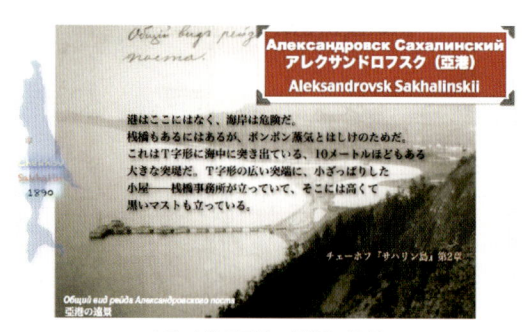

帝政時代の亜港：桟橋の遠景

ユジノサハリンスクのレーニン像と広場

昭和期の大泊（コルサコフ）のまちなみ

サハリン北部の風景とそこに暮らす人々

国境標石

標石が墓石でないこと　でも
はかいしもまた境界のしるべということ
海洋の何処にも境界線が見えないこと
私の心に裏表があるように
ロマノフの鷲と菊華とが裏表であること
知らない人には忘れることもないこと
島はとうに異界となっていること
氷を舐めていると凍港が見えてくること
太陽に翳す掌が私のパスポート

（1974年3月10日）

■映像展示：サハリン・樺太の風景

　国境標石のあったサハリン・樺太の歴史は、まだ研究途上にあり、知られていないことも多い。また、樺太といえば日本の植民地のことだけに関心が集中しがちである。だが、この島の帰趨は長く日ロ関係の重要な対立要素であり、北海道とは宗谷海峡を隔てて向き合いつつ、サハリンも日本とロシア・ソ連との間で複雑に揺れ動いてきた。

　グローバルCOEプログラムでは、2008年に産声をあげたサハリン樺太史研究会の活動を共催し、《知られざる北の隣人》の歴史の解明に側面から協力を続けてきた。第2期展示では、その連携協力の一端として、知られざる北の隣人の歴史を、「サハリン・樺太の風景：まちなみが語る150年」と題し、写真によるショートムービーで紹介しようと試みた。近現代のサハリンを30分ほどの映像で表現するために、およそ150年の歴史を第1章　帝政ロシア期・第2章　明治期・第3章　大正期・第4章　昭和期・第5章　ソビエト期・第6章　現在の6章に分けた。各映像にはなるべく動きで変化を持たせつつ、時代背景を短いコメントで説明した。

　第1章では、文豪チェーホフも目にした帝政期サハリンの風景を、彼自身の言葉で紹介することで、宗谷海峡の向こうにあったロシア辺境の姿を描いた。第2章では、コルサコフから大泊へ、ウラジミロフカから豊原への変化を中心に、黎明期の社会変動の姿を映した貴重な写真群で構成した。第3章では、大正という時代に見せた樺太の躍進を、まちなみの変貌というかたちでみつめた。第4章では、昭和初期の豊原・大泊・真岡の他に、新しく生まれた鉱山

第3章　海疆ユーラシアと日本　39

国後と根室を結ぶケーブル

海底から引き上げられたケーブル

根室の通信局跡とマイクスタンドに立つ久保氏

都市の様子や，散江・安別といった国境の集落の姿もあわせて紹介した。第5章では，ユジノサハリンスクとなった豊原を舞台として，ソビエト期における知られざるまちなみの変化をたどった。第6章では，サハリンⅡに象徴されるオイルマネーによってさらなる変貌を遂げつつあるいまのサハリンの風景をまとめた。あわせて，遠く帝政期の面影や，日本時代の残照など，現在のサハリンにひそむ不思議な美しさ，辺境に生きる人々のたくましさを描こうとした。

■根室～国後島間の電信ケーブル

　1855（安政元）年，日魯通好条約により択捉島と得撫島間に日露国境が画定され，1875（明治8）年，樺太千島交換条約により千島全島は日本領となった。

　千島諸島，とくに南千島（国後島，択捉島，色丹島）や歯舞群島への移住と開発は，明治年間から本格化する。その主要産業は漁業と水産加工業であり，日本敗戦時（1945年）には約1万7千人が居住していた。人口増加にともない，行政施設，学校，電信設備等，インフラ整備も進められ，根室ハッタラ浜と国後島ケラムイ岬間（約30km）の海底には電信ケーブルが敷設された。

　一次産業以外の発達をみなかったこれら島々には，生産資材や日用品，郵便物は，主に根室から海路で供給された。根室と南千島や歯舞群島は一体の「生活圏」を形成していたのである。

　当時，郵便局は島内外の連絡を担う中核施設でもあった。電信ケーブルも国後島の各郵便局を結んでいた。郵便物の定期集配はあったが，冬季は不定期になりがちであった。そのため，電信は島外との連絡手段として重要な位置を占めていた。古釜布郵便局局員によると，電信業では，漁業関係，金融関係の連絡が多かったという。

　近年，電信ケーブルがホタテ漁の漁具にかかり，事故の要因となるため，約1.5km分が引き上げられた。国後島側の通信局のあったケラムイ岬で生まれ育った父を持つ久保浩昭氏は，現在も通電可能なこのケーブルを使いマイクスタンドや親子電話を作り，保存運動を進めている。

　かつては一体の「生活圏」を形成していた国後島と根室は，現在，日ロの「国境」で分断されている。密接に結びついた両地域の歴史やこれら島々の帰属問題を人々の記憶から薄れさせないため，ハッタラ浜の通信施設を文化財として残そうとするこの思いは地域でも共有されており，根室市は買い上げて保

第1期展示「知られざる北の国境」

欧米系住民が眠る

おがさわら丸で父島まで26時間の旅
（ほぼ週に1便・飛行機なし）

新聞も1週間まとめて商店に並ぶ

存することを決めた。

知られざる南西国境：砦とゲートウェイの狭間（南ゾーン・西ゾーン）

　第3期展示は，南の境界地域を北に持ってくるというコンセプトで作ろうとした。日本以外にも海のつながりを考え，台湾や南シナ海の展示も行ったが，ここでは日本の境界地域に関する資料のみで構成した。千島列島から太平洋を大きく南下し，ぐるりと東シナ海，そして日本海へと回ってみよう。「不可視」の国境・境界地域（海域）を抱える小笠原や大東島，そして沖縄・八重山，九州へと北上し，朝鮮半島につながる対馬への旅。海を渡る人と人のつながりは，第4章のテーマとなるが，ここでは地域のプロフィールを紹介しておきたい。

■小笠原と大東島：欧米との邂逅

　小笠原諸島と大東島は16世紀にはすでにスペイン，オランダに知られていた。19世紀以降，欧米諸国の両島への来航は増加する。小笠原諸島はボーニン，父島はピーチー，母島はベーリーなどと欧米名を持つのはその名残である。大東島もロシア人によってボロジノと名付けられたとされる。1830年に小笠原へ最初に移住したのも欧米系住人であった。このときの移住者で，後のリーダーとなるナサニエル・セーボレーの子孫は，「セーボレー」または「瀬堀」の日本名でいまも残る。1853年には，黒船の来航で著名なペリーも小笠原に来島した。

　日本にとって小笠原は，17世紀から，伊豆諸島さらには流刑地であった八丈島と青ヶ島の先にある島として認識されていた。1862年に小笠原を日本領として対外的に通告した幕府は，八丈島から開拓団を組織してこれを版図に組み込んだ。1900年，

お見送りの風景（父島・二見港）

大東島のネーネーズ（ボロジノ娘）

「兄弟」の証：酢でしめ日持ちがする島ずし
（近年、大東島はわさび・小笠原はカラシで食す）

船が接岸できず、クレーンで上陸

クレーンの風景

南大東島も玉置半右衛門が率いた八丈島からの開拓団によって定住が開始された。

　小笠原諸島、大東島もともに八丈島からの移民によって入植された「兄弟島」である。しかし、両島はそれぞれの置かれた政治的・経済的状況で異なる歩みをたどる。小笠原は、東京から南洋諸島に連なる南洋支配の中継基地となった。一方、大東島は八丈資本による燐鉱採掘（北大東島）、製糖工場（南大東島）の会社独占支配のもと、沖縄県に組み込まれた。沖縄本島、宮古諸島、八重山諸島からの労働力移入が行われ、九州・沖縄の経済圏の一部となった。

　アジア・太平洋戦争後は小笠原、大東島ともに米軍の統治下に入るが、両島の状況はここでも異なっていた。大東島では、統治下においても製糖会社が土地を独占し続け、住民との対立は激化した。最終的に土地を住民に分割移譲させた米国は「解放者」として大きな尊敬を集めた。小笠原では、戦後にいち早く帰島を認められた欧米系住民が自治の喪失を恐れ、日本への復帰反対請願を行うなど、島の日本復帰と帰島を願う旧島民との間で軋轢を生んだ。加えて米軍による核貯蔵や原潜寄港が、小笠原を閉鎖的な島にしていった。

　1968年に小笠原諸島が、1972年には沖縄が日本に返還されたことで、「兄弟島」は再び日本に戻った。しかし、小笠原は、太平洋の南に連なる重要な日本の境域にもかかわらず、長年、顧みられずにいた。世界遺産の登録により観光ブームは起こったものの、境界地域としての認識はまだ十分に定着していない。小笠原諸島と琉球諸島をつなぐ大東島は、

小笠原に伝わる南洋踊り（山上博信氏提供）

西崎にたつ記念碑

小笠原では日常

西崎から台湾を望む（与那国町提供）

　太平洋の玄関口であるにもかかわらず，孤島のままだ。小笠原も大東島も内地との十分な交通の便がない。小笠原諸島の一部たる硫黄島にはいまでも民間人は立ち入れない。近年は排他的経済水域との関係で南鳥島や沖ノ鳥島の存在が注目され始めているのだが。

　太平洋に面して，ユーラシア大陸と日本の外海に向かう最前線を形成しているこれら諸島の意味を，そこに暮らす人たちとともに，私たちはいま，あらためて考える必要があるだろう。

■八重山：台湾との一衣帯水

　台湾からおよそ110 kmの距離に八重山諸島に属する与那国島がある。現在の日本の最西端に位置するこの島の人口はわずか1600人ほど。距離だけみると石垣まで120 kmだから，台湾により近い。久部良の西崎から台湾が見えることもあるが，その大きさは見る者を圧倒する。

　台湾が日本の植民地だった頃，与那国島は日本の国境の島ではなかった。多くの住民たちは台湾にあこがれを持っていた。池間苗さんは当時を振り返って言う。「石垣まで船で11時間だけど気分が悪い。台湾まではもっとかかったけど行くとなるとわくわくしていた」「台湾から日本の文化が直接，入るから，沖縄よりこっちが進んでいる」（DVD「知られざる南の国境─台湾と八重山」HBCフレックス制作）。

　そもそも与那国は16世紀に琉球王朝に征服される以前，サンアイ・イソバという名の女酋長のもとで独立国の様相を示していたという（ちなみに与那国で数件しかない飲み屋の名称は「女酋長」「国境」）。その気概は長年，引き継がれ，平成の大合併で石垣や竹富と一緒になるという話が出たときも，これを住民投票で拒否したほどである。

　その背景には台湾との緊密な関係がある。日本敗戦直後でさえ，台湾住民との間で砂糖や米の「密取引」（「復興交易」と現地では言う）が行われ，人口は1万人を超え，外間守吉町長によれば「当時はニワトリでさえ，地面に落ちたお米を食べなかった（それほど裕福だった）」という。

　しかし，米軍統治下で日台の交易の取り締まりが厳しくなり，やがて与那国は日本の国境の「行き止

まり」となり，過疎化が進む。

　台湾との交流を地域振興の起爆剤にする。与那国の住民たちはとくに1980年代から交流事業の可能性を探り続けてきた。だが，国際航路の認定を得られる船が手配できない状況で，彼らの挑戦は困難に直面する。「国境特区」として与那国を開放しようとする試みも，諸官庁の厚い規則の壁に阻まれ，実現は容易でない。

　しかし，彼らは交流をあきらめることはない。台湾・花蓮との姉妹交流を積み重ね，ときには台湾の飛行機をチャーターして国境往来の実績をつくる。とても長い道のりだが，一歩一歩を積み重ねようと

与那国空港に着陸する台湾からのチャーター便

台湾・花蓮空港での熱烈歓迎

JIBSN 与那国セミナーを終え，台湾に向かう

花蓮セミナーの与那国町長・対馬市長ら

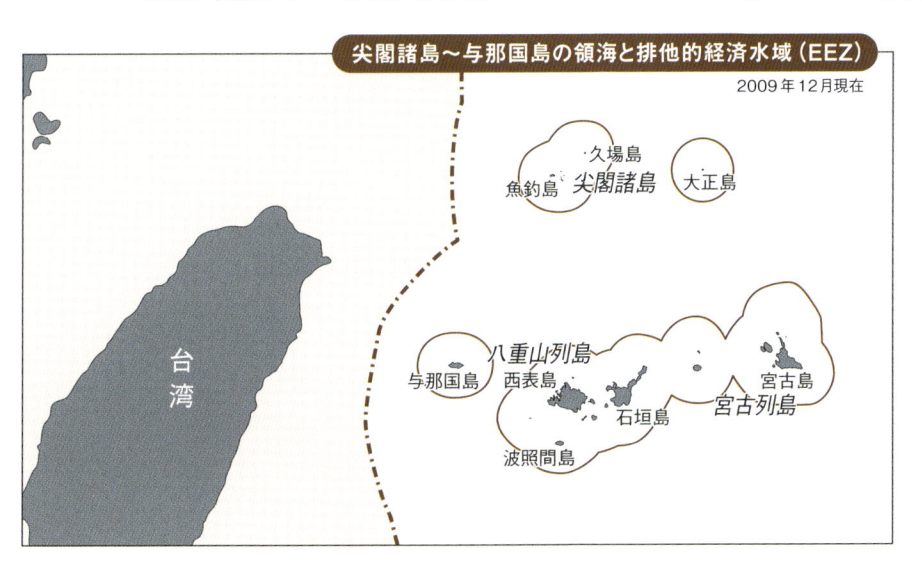

尖閣諸島～与那国島の領海と排他的経済水域（EEZ）
2009年12月現在

八重山広域図

島仲久 ライブ in 北大 2011

上対馬の韓国展望台

している。

　外間町長は，グローバル COE プログラムなどの主導により 2011 年に設立された境界地域研究ネットワーク(JIBSN：Japan International Border Studies Network)の初代代表幹事に就任し，境界地域の連携によって事態を動かそうとする旗振り役の一人だが，「人為的に引かれた国境線」に対する批判は厳しい。「そこに暮らす者にとって本来"お隣"は"お隣"なのである。自由な往来ができなくなった現代，境界地域に暮らす者にとってある意味，日本は鎖国状態である」。

　石垣島で民謡酒場を営む島仲久(竹富町・黒島出身)はエレキ三線の名手であり，「尖閣」の唄い手として知られている。その唄の一節は北の国境とも共鳴する。

釜山の夜景(対馬市提供)

　　空を飛ぶ海鳥が別れをつげに来たよ
　　海鳥たちには国境がない
　　うらやましいと独り言
　　自由に海を渡りたい
　　自由に生きる亀のように
　　荒波越えていく島がもっと近くなるように
　　　　　　　　　　　　　　　(荒波越えて)

■対馬：朝鮮半島に向かう国境の島

　博多から 120 km，朝鮮半島までは 50 km。対馬と釜山はそれぞれを望むことができる。地政的に，対馬は，朝鮮半島と日本列島の間で緊張と交流の両面を持ってきた島である。

　対馬は，日本最古の国防城「金田城(かねたのき)」築城以来，

元寇跡の小茂田(こもだ)浜神社

元寇時には佐須小茂田浜に元・高麗軍を迎え，「朝鮮出兵」時の兵站基地となる，国防の最前線であった。国境が明確化する近代以降では，この性格は先鋭化し，要塞化も進んだ。日本海海戦の舞台のひとつも対馬沖であった。1952 年の「李承晩ライン」

設定以降，対馬沖でも漁船拿捕が相次ぎ，朝鮮海峡両岸で緊張が高まった。

一方で，対馬は交流の最前線でもある。山地が多い対馬は，元々貿易が盛んだった。13世紀以降対馬を統治した宗氏は，朝鮮半島との交易により栄えた。鎖国体制のなか，「朝鮮通信使」を迎え，江戸への先導役をつとめ，日朝外交の仲介者・窓口を担った。

竹島や尖閣諸島など係争地を抱える海と違い，対馬沖は日本を取り巻く海の境界が画定されている数少ない国境海域である。対馬沖での日韓協力は進み，平和は守られている。

1970年代に始まった民間交流は，徐々に自治体間での交流に広がった。当初，比田勝港に不定期に韓国の貨物船や漁船が入港するだけだったものが，1991年にJR九州の高速船ビートルが博多－釜山間（途中，厳原や比田勝へ寄港）に就航し，1999年に韓国の大亜高速海運㈱の国際定期高速船シーフラワーが釜山－厳原間に，2001年には釜山－比田勝航路にも就航した。

元寇の慰祭を行う小茂田浜神社

上対馬・殿崎にある日露友好の碑

対馬～竹島の領海と排他的経済水域（EEZ）
2009年12月現在

＊排他的経済水域における漁業等に関する主権的権利の行使等に関する法律（1996年6月）　国境が明確な対馬海域

上対馬・比田勝港

韓国人も多数が出走する国境マラソン（竹内陽一氏提供）

JIBSN 北海道チーム，上対馬を走る（竹内陽一氏提供）

40 カ国 200 名の国境研究者が対馬を視察
（BRIT「移行期の境界地域」2012 年福岡・釜山大会）

日露友好の碑に感銘を受ける国境研究者たち

朝鮮通信史などを描いた「国境の島・対馬物語」（脚本・ジェームス三木）の福岡公演（対馬以外の日本初・英語と韓国語の字幕付き）

本展示では南シナ海や台湾・金門島のボーダーも取り上げた
（構成：平山陽洋・星野真）

　この往来に水を注す事件が起こった。2008 年 7 月，韓国側の一部の先鋭的な人たちによる対馬での「対馬は韓国領土」とする等の示威的行動である。
　日本でも，対馬の人口を超える韓国人観光客の急増を見て「対馬が危ない」「韓国に乗っ取られる」とテレビ，週刊誌が世情を煽った。また韓国人観光

客が増加した当初，「トイレの紙を窓から捨てる」「狭い車道いっぱいに広がって歩く」「(外国人には禁止されている)撒き餌をする」等，地元住民との軋轢が生まれた。

しかし，交流の進展とともに訪問客のマナーの悪さも次第に改善され，韓国人観光客の姿は対馬の落ち着いた日常風景になりつつある。釜山までわずか50 kmの上対馬の「国境マラソン」など，日韓交流も盛んに行われている。昨今は，JR九州の高速船なども釜山と対馬を結ぶようになり，日本における国境観光(ボーダーツーリズム)のメッカとしての発展も期待されている。

2012年に発生した韓国人による仏像盗難事件で，韓国の司法機関が対馬への仏像返還を見合わせるよう指示したことに対し，対馬の住民たちの多くが怒り，朝鮮通信使を祝う「アリラン祭り」が初めて中止されるなど，喧噪も起こっている。しかし，他方で，冷静な対応を求める地元の声も強く，韓国側でも仏像を返還すべきという意見も少なくない。外間与那国町長からJIBSNの代表幹事を引き継いだ財部能成対馬市長の口癖は「いいときも悪いときもある。しかし，隣から引っ越すことはできませんから」(DVD「知られざる国境の島—対馬」HBCフレックス制作)。

様々な困難に直面しつつも，対馬は，今も昔も九州と朝鮮半島からの人と物の流れが交錯する場である。対馬の人々にとって「福岡を中心とする九州北岸800万人と韓国南岸の1200万人の間」をとりもつ未来を描くこともごく自然のことなのだろう。

第4章　海を越える人々：
沖縄・八重山から台湾と朝鮮半島をみる

　第3期「日本の南西境界」は展示期間を2つのパートに分けることになったが，その南ゾーンと西ゾーンをつなぐコンセプトは何かと考えた。境界地域が背負う宿命が，秋野豊が言うように「砦」か「ゲートウェイ」ならば，地域に暮らす人々に豊かさをもたらすのは「ゲートウェイ」に決まっている。そこに集うものは人の流れがあってこそ生きるからだ。

　海の境界地域が，陸のそれと違うのは，その近接性を越えた広がりの大きさとともに動きのダイナミズムである。対馬にとっての韓国・釜山，与那国にとっての台湾・花蓮，あるいは稚内にとってのサハリンを入れてもいいのだが，確固としたカウンターパートとしての眼に見えるつきあいがある。しかし，海の境界は不可視の隣人たちも包摂する。小笠原が境界地域たりうるのはこの広がりを越えた向こうからの往来があったからだ。

　海を越えた境界のつながりは，私たちに新しいボーダースタディーズの射程を教える。それが本当に存在するかどうかはともかく，「固有の領土」とは言われても「固有の海」を言う人はあまりいない。水産資源をめぐる囲い込みは，排他的経済水域の主張とともに隣国同士の緊張を招きかねないが，回遊性の高い魚たちに，これは私たちの島の資源だからと言っても仕方がなかろう。所詮，「固有」というのは人間が自分が選別した対象に一方的に投影した観念であることが考えれば考えるほどはっきりしてくる。

　さて本章ではゾーンのなかで，あるいはゾーンを越えて，島と島，地域と地域を「回遊」する人々について焦点をあててみた。これは第1章で見た陸域にもあてはまるのだが，ケースとしては2つある。第1に，人々が境界を越えて移動する場合。第2に，人は動かないのに境界が動く，国境が変わる場合。ひどい場合は，そのエアポケットに落ちて，国籍がなくなることもある。笑い事ではない。いまなら映画『ターミナル』のトム・ハンクスのように，いきなりパスポートが無効になり，どこにも行けず，何者かわからない，ただ出入国管理では unacceptable と言われ，空港のラウンジで宙ぶらりんになるようなものだ。

　本章は第3期の展示のそれぞれ一部を担当した北村嘉恵と安渓遊地・安渓貴子のお三方に新たに書き下ろしてもらった。台湾と八重山の境界，八重山から朝鮮半島に広がる境界を伝承や歴史のなかから読み解いてもらったあと，海に連なる日本の島々を端から端まで，そこに暮らす人々の視線で紡いで歩いた宮本常一を取り上げる。「離島振興の父」としての宮本の業績はよく知られているが，ここでは国境離島研究のパイオニアとしての仕事にスポットをあててもらった。なお宮本常一の展示は，第2章の秋野豊のそれと同時に，第9期「境界研究　日本のパイオニアたち」において公開されたものをベースとしている。

与那国の記憶

海続きの島々，浮現する境界

■日本の皇族，台湾パイン缶詰工場へ

下の写真は，1930年代後半に台湾南部の高雄州の知事をつとめた人物が遺した写真帖のなかの1枚である。作業台の両側に，年若い女性に混じって年少の男児が立ち並ぶ。女子職工の白いキャップと白いエプロン，男子職工の坊主頭と白シャツ・短パン，そして男女そろって白いズックにゴム手袋が印象的である。作業台に1ダースずつ整然と積み上げられた空缶とあいまって，「衛生的」「能率的」な作業空間が効果的に撮し取られている。

この場面は，1938年7月5日，傷病兵慰問と銃後状況視察を目的として台湾島内をめぐっていた竹田宮昌子が，高雄港の埠頭に面した台湾合同鳳梨株式会社のパインアップル缶詰工場を視察した当日のものである。皇族の視察に備えた特別な演出だという要素を考慮したとしても，経営の合理化，製品の均質化を掲げて官主導により設立された台湾合同鳳梨株式会社の指向を象徴的に示す光景だといえる。

写真帖には，工場内を巡察する竹田宮昌子の横顔とうつむき加減の職工たちをややアップでとらえたショットもある。当時，同工場の職工数は117名（女101・男16）。布哇式（ハワイ）と呼ばれた新式のベルトコンベヤ2本を備え，島内最大級の生産設備能力を有していた。同設備の1日（10時間）の「製造能力」は5万6000缶だというから，1ラインあたり1分間に50缶弱のペースでの流れ作業である。1930年代には砂糖，米，バナナ等とともに重要な内地移出

台湾合同鳳梨株式会社の缶詰製造ラインに並ぶ年少の職工たち

境界なき東シナ海（北村嘉恵作成）

品であったパイン缶詰は，これら年少の職工たちの手をくぐって仕上げられ，内地の人々の口へと届けられていた。

■台湾人パイン缶詰事業者，石垣島へ

台湾合同鳳梨株式会社は，総督府殖産局および高雄州知事の主導のもと，既存の島内鳳梨缶詰業者を買収・合併して1935年6月に設立された。1年以上にわたる買収工作を通じて，全島54事業主（株式，合資，公司，個人）のうち最後まで買収に応じなかった大甲鳳梨缶詰商会（代表：許天徳）を除き，53事業主が土地・設備と営業権の売却に応じた。これにより，東洋製缶株式会社関係者を大株主とする台湾合同鳳梨がパイン缶詰事業をほぼ独占する体制が整い，小規模工場の統廃合が進められた。合併前に78ヵ所あった工場は，翌36年夏には29ヵ所へと激減していた。

もっとも，総督府が統制を強めるなか，パイン缶詰の高収益性に目をつけた人々は内地大資本による独占を拱手傍観していたわけではなかった。「密造」「密売」というかたちで表面化した限りでも，数百缶単位から数万缶単位の規模で，島内はもとより，

大連経由で中国大陸へ，あるいは，沖縄経由で日本本国へと，製造・販売ルートが切り拓かれていたという。また，唯一合併を拒んだ大甲鳳梨缶詰商会は，独自の経営路線を模索し，職工60名程度の小規模な缶詰工場から，製缶工場や農場を増設・拡張し，合同鳳梨とわたりあう勢いで伸びをみせている。

一方，吸収合併により廃転業を迫られた中小事業者や，解雇を余儀なくされた職工，生果売買の交渉相手が限定されることとなった鳳梨生産者らも，それぞれに活路を探ることとなる。このうち台湾人事業者のなかには，パインアップルから龍眼，楊桃（スターフルーツ），マンゴーなど他の作物の缶詰事業へと転換して事業を継続した者や，台湾総督府の統制下を離れて広東や海南島，あるいは石垣島で新事業に着手した者があった。

比較的よく知られているのは，買収に応じる決断をしてまもない時期に石垣島へ渡り，地元の事業者と協働して大同拓殖株式会社を創設した人々の足跡である。大同拓殖の初代社長となった謝元徳は，かつて，台湾総督府の販売統制に対抗すべく台湾人事業主を糾合して大同鳳梨缶詰販売株式会社を組織し，独自に内地への販路を切り拓こうと試みた経歴を持つ。買収を拒否した大甲鳳梨の許天徳も，買収に応じて大同拓殖の創業に踏み出した林発や詹奕候も，

◆パインアップル缶詰ラベルに見る境界（ボーダー）

①台湾合同鳳梨株式会社の缶詰ラベルは，「GODOH」のロゴに生果とスライスのイラストをあしらい，「FORMOSAN PINEAPPLE」の頭文字「FP」を組み合わせた商標を配している。デザインや色遣いの点でも記載内容の点でも，合併以前に各社がそれぞれ意匠をこらしていたラベル（②③④）に比して格段に簡略化された印象を受ける。

②士林鳳梨缶詰商会：台北・士林の林清渓を代表とする合資会社として1922年に創業。家業としての歴史は古く，先代の林清爽が1903年大阪で開催された第5回内国勧業博覧会に出品・受賞した経歴がアピールポイントのひとつ。これにならぶのが「賜皇太子殿下御買上之光栄」。1923年皇太子裕仁訪台時の出来事か。商標は「雙亀」。

③泰芳商会：台北の葉金塗が1911年に創業。1930年代には全島5ヵ所に鳳梨缶詰工場を持ち，台湾人経営のパイン缶詰事業としては最大規模。門司・神戸に直売店を置く。ラベルには，東京大正博覧会，神戸貿易製産品共進会，台湾勧業共進会等での受賞歴が列挙されている。商標には「雙鹿」「恵比寿印」などがある。

④濱口鳳梨株式会社：本社を京都に置く台湾物産合名会社の濱口富三郎が1907年に創業。台中州員林の工場は最も早期に創業した工場のひとつ。1935年吸収合併時の規模は全島最大。商標には「軍人印」「駝鳥印」「赤道印」などがある。

日本植民地下の台湾で製造されたパインアップル缶詰のラベル
（日本缶詰協会所蔵，三洋食品株式会社所蔵）

そのメンバーであった。

1935年10月に創立した大同拓殖は，台湾から持ち込んだパイン種苗とともに在来のサトウキビや茶の栽培に着手した。最初に植えつけたパイン種苗が収穫期を迎えたのは，1938年夏。缶詰工場を設けて，ようやくパイン缶詰の製造にこぎつけ，事業が軌道に乗り始めたかにみえた。だが，まもなく，戦時経済統制のもとで空き缶や砂糖の確保が困難となり，次いで，パイン畑は食糧増産のため稲やサツマイモに植え替えを迫られ，缶詰工場は駐屯軍に明け渡しを余儀なくされる。新天地を求めて石垣島に渡り，「台湾合同パイン[鳳梨]に一泡吹かせてやろう」との意気込みを秘めて起業した台湾人事業者の夢は，沖縄地上戦を前にして否応なく断ち切られた。

■琉球パイン缶詰，本土へ

1945年を境として，台湾島と与那国島の間には国境線が引き直された。台湾島は中華民国政権下へ，沖縄・八重山・奄美諸島は米軍政下へ。19世紀末に日本帝国に組み込まれた島々は，日本敗戦の結果として帰属変更という事態に直面する。

沖縄の人々が地上戦の荒廃から生活の建て直しに立ち向かうなかで，パイン事業再生に踏み出す人々がいた。退避先の故郷・台中から石垣島へ再移住してきた大同拓殖の林発ら，そして，ハワイでパイン栽培の経験を持つ大城満栄らである。島のなかには，荒れ地で生き延びていたパイン苗もあった。稲やサツマイモの主食栽培が優先され，日本本土や台湾との合法的な交易回路が閉ざされたままの状況下で，不安定な再出発であった。だが，かつて日本国内最大のパイン缶詰供給地であった台湾に替わり，国内唯一のパイン生産地となる可能性に，林発らは新たな夢を見出していた。

米軍による沖縄長期占領が確定的となる1950年前後の時期，米国からの資金援助（占領地域救済政府資金）の増大，日本本土との民間貿易の本格的再

戦後日本が輸入したパインアップル缶詰のラベル
（台湾製と沖縄製）（日本缶詰協会所蔵）

日本の敗戦から沖縄の日本復帰までの時期，日本国内に出回るパイン缶詰は100％輸入品であった。上は，原産地「Taiwan China」（中華民国台湾省）として日本へ輸出された台湾産のパイン缶詰。下は，那覇の合名会社沖縄パイン工業から東京の大万産業株式会社へ輸出された沖縄産のパイン缶詰。缶詰ラベルに記された製造地の表示から，国境線の変動にともなう激動を生きた人々の営みが垣間見える。

1956年頃，3号缶のみかん缶詰45円に対して，パイン缶詰は190円（日本パインアップル輸入協会）。パイン缶詰は「贅沢品」であり，もっぱら贈答品として重宝された。

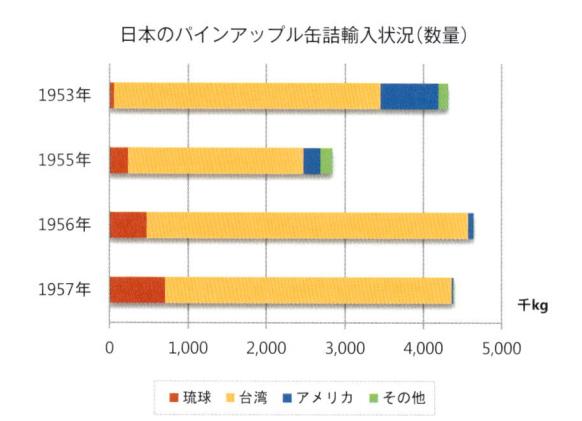

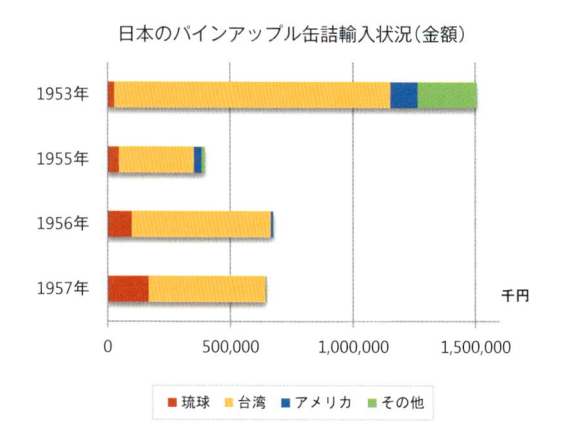

日本のパインアップル缶詰輸入状況（数量）

日本のパインアップル缶詰輸入状況（金額）

開,日本政府によるパイン缶詰に対する特恵措置(関税免除,輸入量無制限)など,パイン缶詰産業を取り巻く諸条件は大きく転回をみた。これを好機として,沖縄産のパイン缶詰は本国輸出の経路を切り開き,国内市場に食い込んでいく(グラフ・図)。台湾産製品は,この時期なお圧倒的なシェアを確保していたとはいえ,もはや関税優遇措置の対象ではなく,ハワイなど他の外国産製品と同様,輸入総量制限のもと55%という高率の関税が課せられていた。

日本本土市場への販路確保と本土資本の沖縄進出をテコとして,1950年代後半以降,石垣島や西表島では,公務員や学校教員をも巻き込みながらパイン栽培熱が加熱した。いわゆるサトウキビブームにやや先駆けて,パインブームと呼ばれる昂揚である。サツマイモ畑をパインに転作し,あるいは山地斜面を開墾してパインを植え付け,両島のパイン収穫面積は1958年38 haから1960年863 haへと急増し,ピーク時の1967年には1693 haにまで広がった。設備面でも,1949年石垣島に林発らが設立した家内工業的な工場を先駆として,1955年には沖縄本島最初のパイン缶詰工場が日本本土の東洋製缶との合資・技術提携により開設,1960年には本島12工場・八重山10工場へと増加した。日本本土への輸出量も増加し続け,1969年には国内市場の72.4%を占めるに至っている。

この急速な事業拡張を基底において支えたのは,日本統治時代よりパイン栽培・加工の経験を蓄積してきた台湾の人々であった。1962年,琉球政府労働局が技術導入という名目のもと台湾人労働者の受入れを認可したのを皮切りに,1960年代を通じて延べ1000名を超える規模の台湾人が石垣島のパイン缶詰工場で立ち働いた。その大半を占めたのは,30歳前後の女性であったという。

1969年夏,石垣島で働く台湾人の存在にスポットをあてた『朝日ジャーナル』のグラビア特集は,インタビュー記事のリード文を次のように始めている。「沖縄本島の若者は日本本土へ,八重山群島の若者は沖縄本島へ働きにゆく。そこで八重山は──」。沖縄の日本本土復帰が政治行程にのぼるなか,〈よりよい〉仕事や生活を求めて島から島へと渡りゆく若者たちがあった。

だが,その流れは一方向にのみ水路づけられていたのではない。海でつながった島々を人々はそれぞれの夢や困難を抱えて往還し,ときに緊張をはらみながら多様な関係をつむいできたのである。

◆証明書から見る境界(ボーダー)

19世紀後半,発足後まもない明治政府は,蝦夷地を北海道と改称して北の国境線の画定を進める一方で,琉球王国を日本に統合して南の国境線の画定に踏み出した。日清戦争(1894-95年),日露戦争(1904-05年)を経て,南北の国境がそれぞれ引き直された以降も,20世紀を通じて境界線はたびたび変化してきた。この度重なる国境線の移動は,境界地域に生活する人々にどのような意味を持っていたのだろうか。

よりよい生活や勉学の機会を求めて異境へ踏み出す人々がいる一方で,生活の場から引き剝がされるように移動を強いられる人々がいる。また,境界線が引き直されるなかで,境界を越える人々を取り締まる制度も繰り返し変化してきた。

以下に紹介する資料は,島々を往き来した人々の足跡を示すと同時に,人々が直面した境界線をも浮かび上がらせる。

① 戦時下の旅行規制

アジア・太平洋戦争の展開にともない,物資・運

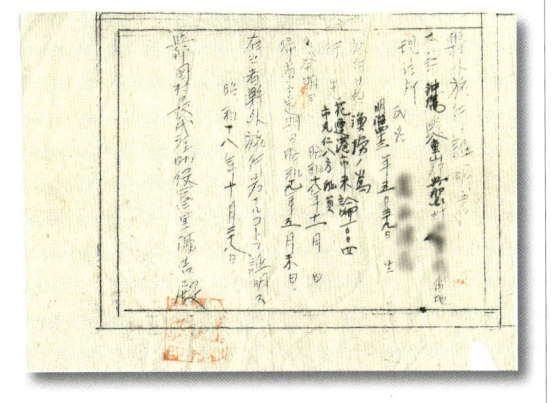

(沖縄県平和祈念資料館所蔵)

輸・労働力等の国家統制が厳しくなるなか、人々の往来も規制の対象となる。前頁の「県外旅行証明書」は、与那国島の漁民が「漁撈ノ為」に台湾東部沿岸の花蓮港に約半年間「旅行」することを証明したものである。1943年10月28日付で与那国村長代理助役の押印がある。与那国島から対岸の台湾東海岸までは111km。自由な渡航が制限される状況下で、生業のため往来を続ける人々の営みを垣間見ることができる。

② 引き離される家族

1944年9月1日付で石垣町役場が発行した「転出証明書」は、石垣島から台湾へ転出する家族について、今後米などの物資配給の停止を証明する文書である。「転出者氏名」のうち世帯主にあたる51歳の男性の氏名が抹消されているのは、県外転出の認められる範囲が「六十年以上十五年未満ノ者、婦女、病者」に限られていたからだと考えられる。家族そろっての疎開は認められず、「非戦闘員」だとみなされた人々のみが、家族の一部を残したまま、異郷へ向かうこととなった。

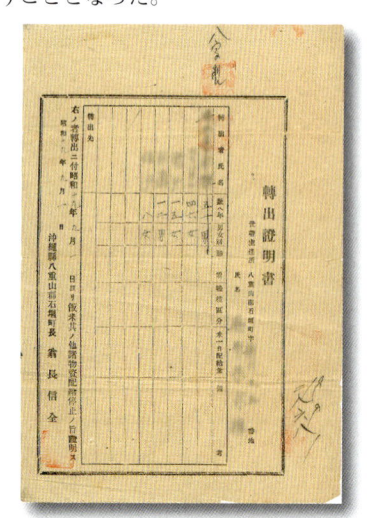

（沖縄県平和祈念資料館所蔵）

米軍がサイパン島を制圧した1944年7月から、沖縄本島に上陸する直前の1945年3月までに、島を離れた住民は約8万人、このうち台湾へ渡ったのは八重山・宮古島民を中心とする約1万3千人と推計される。当時の琉球・八重山諸島の住民は約60万人であったから、その1割以上にあたる。日本軍・政府にとっては、地上戦に向けて沖縄へ移駐する部隊の食糧確保が切迫した課題であり、「国防上軍ノ手足 纏(てあしまとい)トナル老幼婦女子」の島外への「引揚げ」(疎開)が必要だったのである。

③ 無国籍を生きる

1910年、日本の植民地下にあった台湾で日本国民として生まれ育った呉蒼生さんは、1945年、35歳で中華民国国民となった後、1995年、沖縄で無国籍者として没した。呉さんが沖縄へ渡ったのは1949年。新たな統治者である国民党政府の弾圧を逃れてヤミ船で台湾を脱出し、漂着したのが与那国島であった。呉さんが中華民国籍を離脱し無国籍者となったのは1972年。中華民国内政部が発行した中華民国籍喪失許可書の日付は、日華国交断絶の前日にあたる。

その後半生、呉さんは、石垣島で茶商を営むかたわら、在留資格や日本国籍取得の問題に関わって沖縄在住の台湾人の相談によくのっていたという。日本植民地下で公学校(台湾人向けの初等教育機関)と実業補習学校(商工科)で学び、産業組合(現在の農協にあたる)に勤めた経験を持つ呉さんは、日本語の書類作成にも長けており、人々から頼られる存在であった。

現在、呉さんの遺族が保管する数種の身分証明書は、国家の狭間を生きてきた呉さんの足跡を物語ると同時に、「国籍」とは何か、「国境」とは何か、という問いを投げかけている。

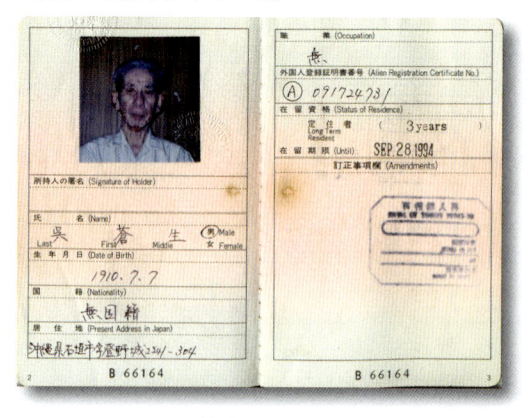

（林素湄氏所蔵）

済州島漂流民の記憶：口頭伝承でよみがえる15世紀の与那国島

■台湾領有以前の八重山と台湾との関係

「寝ても覚めても気にかかる問題の一つは，台湾と南琉球の先島の関係をめぐる問題である。」と東アジア先史学のパイオニアであった國分直一は書いた。晴天の日に互いに見えるほど近い与那国島と台湾との交流については，これまでに報告された民間伝承は非常に希薄で，人食い人種などの神話的な伝承が多いことを，研究者は奇妙なこととみなしてきた。

1974年以来，西表島や与那国島をはじめとする八重山の島々に通ってきた私たちにとっても，気にかかる問題であるので，台湾から110 kmの場所にある与那国島での口頭伝承の聞き取りという手法で，どこまで古い時代に迫れるかを挑戦してみたい。

■済州島から与那国島への漂流民

1477年2月，済州島の船が嵐に巻き込まれ，2週間の漂流の後に，与那国島に漂着，金非衣ら3人が救助された。島で5カ月半を暮らした3人は，西表島に送られここで5カ月をすごし，次々に護送されて沖縄島・博多・対馬を経て1479年5月帰国を果たした。この出来事は，帰国した漂着民からの聞き書きにより，同年の『朝鮮王朝実録(成宗大王実録)』のなかに克明に記されている。

従来日本側ではこの出来事に関する文字資料が発見されることはなかったが，2007年3月になって，この漂流事件に対応する口頭伝承が与那国島に残されていることが明らかになった。ただ一人残った伝承者N子さん(仮名)との3年余の共同研究の結果，詳細な伝承が復元された。そこで語られているのは，言葉の通じない辺境の民同士の平和的な出会いと人間的な交流であった。与那国島ではその後の幾多の戦乱や激動の時代を経てなおこの出会いを語り続けてきたのだった。民衆のおどろくべき記憶力によって，15世紀の与那国島が台湾や南の島々との密接な人的交流を持っていたことなど文献史料には登場しない歴史が明らかになってくる。

■フガヌトゥの伝承の確かさと詳しさ

与那国方言で「余所の人」を意味するフガヌトゥの伝承があり，史実とみごとに対応する。

1. 韓半島で柑橘類が採れるのは，その気候から済州島だけであり，漂流者たちはそれを上納するために船を出したのであった。

与那国島での伝承では，3人のフガヌトゥたちのうちの2人が与那国山中で野生のミカンの花が咲き乱れるところに出会って，大声で泣き出したことから，「この人たちの故郷はミカンがいっぱい咲くところなんだろうね」と島びとたちは言い合った。

2. 生き残った3人の漂流者は，1479年のソウルでの取り調べにあたって，与那国島を目前にして溺死した者の名前として玄世修ら5人の名前を挙げている。これに対応すると考えられる島の伝承では，突然泣き出したフガヌトゥを，ムラヌウヤ(村の親)と呼ばれる高齢の女性が背中をなでて慰めながら聞いたところ，船で一緒だった5人の仲間が亡くなったのを悲しんで泣いたのだとわかったという。

3. 漂流民は，草の葉に「朝鮮國」の3文字を書いて示したが，島の人たちは理解できなかった，と『成宗大王実録』の104巻に載っている。

伝承では，ばらばらに住むようになった3人のフガヌトゥが集まって，地面に月の形を描いていろいろ話し合っていたという。そのとき描いたとされる絵には，月が新月から満月に至るまでの様子が示され，その横には，いつもフガヌトゥが地面の絵の横に添えた，「ぐでぃぐでぃ」した模様が添えられていた。いつも，フガヌトゥは熱心にその模様のこと

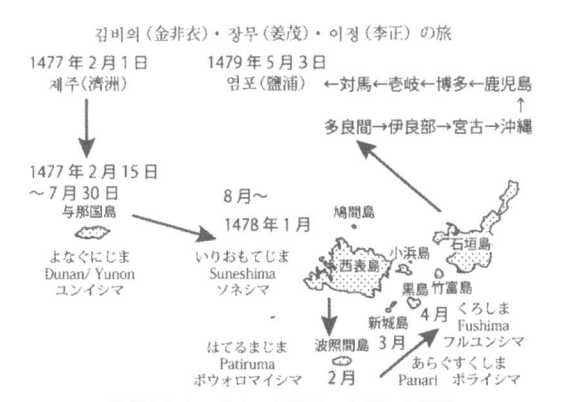

済州島からの3人の漂流民のたどった道筋

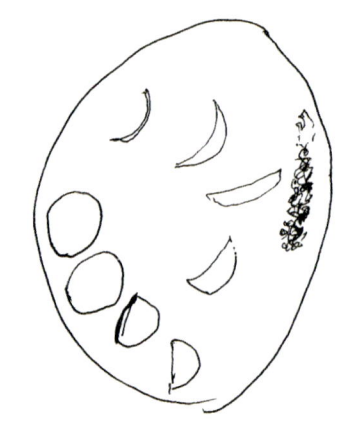

いろいろな月の形を地面に書いた

フガヌトゥに初めて食べさせた食事

稲刈りのときに薪の火とワラの火を焚いてほしいといわれ薪の火に祈っていた（伝承者N子さんのイラスト）

フガヌトゥが教えた遊び貝積み

を話して聞かせたけれど，島の人たちはついにその意味が理解できなかったという。さらに，フガヌトゥは上述のように，月の形を記録していただけでなく，軒に木の葉を毎日1枚ずつぶら下げて，日付を数えていたらしいという。自分たちで工夫した墨のような物で布に何かを書いているところも目撃されている。「いまにして思えばあれは文字だったかもしれないね」と老人たちは伝承者のN子さんに語った。

4．史料では，1477年2月15日に与那国島に到着した漂流民は，南風を待って同年7月朔日に西表島へ向けて出発したと語られている。

島の伝承では，4月から5月にかけての稲刈りの頃，「今吹いている風の『弟の風』が吹いたら，それに乗せて送ってあげる」と言い聞かせたという。具体的に何カ月いたものかは伝わっていないが，現在も，旧暦の8月1日には，アワかキビの餅を作ってフガヌトゥに捧げるという儀式をN子さんは続けている。餅を捧げるのは，長い旅に出る人の安着を願う与那国島の習慣であり，フガヌトゥの旅立ちの日が7月末だったことを示唆するものであろう。また，フガヌトゥたちが与那国島から西表島に送られたことについても，次のような伝承がある。フガヌトゥを送り出したあと，海で大波のために難破した与那国島の親子のうちの一人が，西表島にたどり着いて命が助かった。西表島で8日間静養して，舟を借りて与那国まで帰ってきたが，この人は，西表島で元気に暮らすフガヌトゥに再会したという。

このように，与那国島に残る「フガヌトゥ伝承」

と1477年の済州島民の漂流記とは，細部に至るまで驚くべき一致をみせることが次第に確実になってきている．口承による伝承が正確な年号や日付を持ちうるという稀有な例のひとつとしてきわめて注目に値する事例である．

■語り継がれる台湾との関係

済州島民の漂流記には記録がないが，この与那国島でのフガヌトゥ伝承のなかに，台湾人が登場する．N子さんの語りによって，その部分を紹介しよう．

ある晩のこと，与那国の島民たちはフガヌトゥったちの住む家のまわりに，あやしい男たちがひそんでいることを見つけた．捕まえてみると，海上での物々交換のためによく島の近くに来ていた台湾の男たちだった．何をしていたか，と厳しく問いただしたら，フガヌトゥを殺してその持ち物や食べ物を奪おうと思ったと白状した．島の人たちは怒って，あんたらはもう二度と与那国に来るなと言って，島を追い出した．

1500年，石垣島大浜の英雄オヤケアカハチ・ホンガワラが，宮古・首里連合軍に敗れて八重山が首里王府の支配下に入ったあとの様子を伝える伝承と思われるものがある．

久しぶりにウンナガヌドゥチ（海上の友達）に出会って，台湾の話でも聞こうと思った与那国島の男の耳に届いたのは，とんでもない知らせだった．石垣島には，琉球国王の命令で，いろんな役人がたくさん来ていて，石垣島の人たちは，王への贈り物や納めるべき米や布を作るために働きづめの苦労が長く続いているという．これを聞いた与那国島のムラヌヤ（村の親）は，与那国島の人々の暮らしを守るために次のようないろいろな工夫を考え出した．これは，たいへんに興味深い伝承で，3番～5番などは，19世紀に至るまで，与那国の島民は仕事を怠けがちであるからしっかり取り締まるように，という布令が首里王府から派遣された役人によって何度も出されることと符合している．

1. 家族をふたつにわけて，一人か二人，別の屋根を作り，別世帯とする．これは，何かのときに家族全員が殺されて総倒れしないための配慮として．ただし，1日に2回は全員一堂に集まり，短時間で各自の屋根に戻ること．
2. 各家庭で秘密の隠し場所を作ること．
3. 王様の役人が島に来たときは，老人はできるだけ床に伏してすごすこと．外出するときは必ずお伴の若者と一緒に．
4. 老人はできるだけ田畑や山野での仕事をしないこと．
5. 少しでも体の具合が悪くなったら，すぐ床についていること．
6. 恋人がいない女性も，いざというときのために「恋人」として名乗り出てくれる役目の男性を決めておくこと．
7. 病人のための薬を必ず日常に備えておくこと．
8. いかなる内容でも大人同士の話を子どもたちの耳に入れないこと．

■その後の台湾との交流

与那国島が首里王府の支配に入った1522年以降，1903（明治36）年まで続いた厳しい税から暮らしを守るためのひそかな対策を，その後も島民はとり続けた．その対策の中心となったのは，台湾との交易関係とその島外への秘匿だった．

伝承によれば，与那国島の東の端の岬には，船の見張り番がいつも置かれていて，石垣島からの役人の船を見つけると早馬で知らせた．島には米や酒といった贅沢品を貯蔵する蔵があり，そこに大量の物資があることを発見されないように急いで隠すためである．かねて準備してある舟にこれらの物資を積み込んで，与那国島と台湾の中間にある，両島の共通の漁場を目指す．救援を求める旗を掲げて待つと，台湾の舟が食料と炊事用具を積み込み，救援にかけつけてくれた．二つの舟を縛り合わせて安定させ，米の飯を食べ酒を飲み，言葉は通じないでも，それぞれの島の歌と踊りで交流する海上の祭りのようであった．台湾の舟との別れにあたって交換した着物を長く記念に保管している家も与那国島にはある．

政府による苛斂誅求を逃れるための民衆の知恵を示すものとして，また台湾との交流が大切であったことを示すものとして，非常に興味深い伝承である．台湾との関係についての与那国島の現実ばなれした神話的な伝承は，ボーダーを越えた交流の隠蔽工作

の一環として生み出された可能性が強い。いずれにせよ，こうした史料の隙間を埋めるような，聞き取りによる「民衆の記憶」の記録の重要性をあらためて指摘しておきたい。

宮本常一と歩く国境の島じま

■宮本常一：「忘れられた人々」にあたたかなまなざしを注いだ人

　宮本常一(1907-1981年)は，瀬戸内海の周防大島(旧山口県東和町)の農家に生まれた。生涯にわたって日本の農山漁村を歩いて，忘れられた庶民の暮らしを愛情深く記録した。銀行家であり自身も民俗学者であった渋沢敬三の指導と庇護のもと，生涯に16万kmを歩き，全国の村々のほぼ3分の1を訪れた。空襲で調査資料と原稿のすべてを失ったあとも，都市と農村をつなぐ配給システムの構築や離島振興に邁進，国境の島々をていねいに歩いた。晩年は東アフリカを皮切りに外国にも足を運んだ。村を訪ねたときは「周防大島の百姓」と自己紹介し，その人間的態度と広い知識によって，人々に忘れがたい印象を残した。50代半ばになってから，武蔵野美術大学の教授となる。ほぼ同時に近畿日本ツーリストの設立した観光文化研究所の所長も兼任し，そこに集う若者たちをけしかけて自由な旅をさせ，その成果を次々に発表させることで，旅に学ぶ後進を育てた。

　残された膨大な著作と写真だけでなく，地域研究のモラルや，生活者であり，研究者であり，しかも社会的な課題にボランティアとして挑戦し続けていくという実践と，人間としての立ち位置を通して，宮本常一はいまもわれわれに熱く問いかけ続けている。

■人の見のこしたものを見る：生活者・研究者としての立ち位置

　15歳で大阪に旅立つ常一少年に，「父・宮本善十郎が与えた10箇条」がある。後に終生の師とあおいだ「渋沢敬三の3つの教え」とも共鳴するものがある。「調査というものは地元に迷惑をかけ，地元の人の好さにつけこんで略奪するものが多いのだから」と，常に何らかのお返しを考えることを実行した宮本常一の，フィールドとのつきあいのモラルがどこにあったかがわかる。

　……駅へついたら人の乗りおりに注意せよ，そしてどういう服装をしているかに気をつけよ。また，駅の荷置場にどういう荷がおかれているかをよく見よ。そういうことでその土地が富んでいるか貧しいか，よく働くところかそうでないところかよくわかる。……時間のゆとりがあったら，できるだけ歩いてみることだ。いろいろのことを教えられる。……金というものはもうけるのはそんなにむずかしくない。しかし使うのがむずかしい。それだけは忘れぬように。……自分でよいと思ったことはやってみよ，それで失敗したからといって，親は責めはしない。……人の見のこしたものを見るようにせよ。その中にいつも大切なものがあるはずだ。あせることはない。自分の選んだ道をしっかり歩いていくことだ(父の10箇条から)。

　他人に迷惑をかけないこと。でしゃばらないこと。他人の喜びを心から喜びあえること(渋沢敬三氏の3つの教え)。

宮本常一(1977年，宮本千晴氏撮影)

訪問先では熱い歓迎を受けた（長野県，1963年）
（周防大島文化交流センター所蔵）

■小さい者・弱い立場への共感から：庶民の本音に耳を傾けた人

　子どもが親の仕事を手伝うのが当たり前だった頃の日本の姿を，宮本は愛情深く写しとっている。故郷の周防大島で，子どもたちだけで畑を耕し，海辺の自然のなかで遊ぶ姿は，幼い頃の宮本自身の姿でもあろう。働く男女の姿をとらえた宮本の写真には，印象的な笑顔があるものが多い。それは，妻・アサ子を写した写真に見られるように，人間的な信頼関係に基づく学び合いをフィールドワークの基本とした宮本自身の顔をくしゃくしゃにした笑顔の反映でもあった。宮本常一は，アンケート式の質問をするようなことは決してなく，まずは相手の仕事を手伝うことでいきなり相手の懐に入ってしまうのが常だった。膨大な経験と各地の生活の知恵に裏付けられた心躍る会話のなかで，庶民は宮本の聞きたいことをみんな語ってくれた。その結果，4000日16万kmの旅では，どこでもまるで家族のように受け入れられ，庶民の本音に耳を傾け，励まし続けた。よそ者への警戒心が解けてきたことを判断する目安として，宮本は，どぶろくがふるまわれることと，夜這いの話が出ることを挙げている。「調査する方がえらい」と言わんばかりの傍若無人なフィールドワークに対して「調査地被害」という言葉を作ったのも，こうした経験に基づいている（宮本常一・安渓遊地『調査されるという迷惑：フィールドに出る前に読んでおく本』みずのわ出版，2008年）。

■世間師として生きる：大阪府嘱託から離島振興へ

　世間師とは，広い世間を見てきた経験で村に風を吹き込む人物を指す言葉だという。1945年7月，宮本常一は，都市住民への野菜の供給のために，大阪府の嘱託となり，農村をくまなく回って大きな協力を得た。10月には大阪の被災者80世帯300人のつきそいとして，北海道にわたった。しかし，幌延の先の問寒別から3里という吹雪の原野には，約束された食料も資材の支給もなかった。北海道各地の入植地を見て回った宮本は，移民が持ち込んだ電球やラジオも電気がないために役に立たず，買い込んだ馬もヒグマに喰い殺されるという悲惨な状況を見た。その帰路は入植者たちの苦しみを少しでも共有しようと，宮本は，函館から上野までの6日間の旅を水だけですごした。渋沢敬三の家に着くと白いご飯が出た。その上に涙がこぼれて仕方がなかった。この苦い経験が，ハンディの大きい地域に光をあてる離島振興法制定と普及のための獅子奮迅のボランティアにつながる。宮本の足跡は，国境の離島にくまなく記され，離島青年の生活改善をめぐる交流会にも積極的に関わった。キリシタンの伝統の生きる五島列島や復帰間近の沖縄の旅を経て，晩年は，佐渡島の農業振興や鬼太鼓座などの地域の誇りにつながる文化の振興に精力を注いだ（佐野真一『旅する巨人：宮本常一と渋沢敬三』文藝春秋，1996年）。

■対馬にて：研究者としての再出発

　1945年7月9日の堺市の空襲で，宮本はフィールドノート100冊，未刊行の原稿1万2000枚，写

浜のイワシ干し　対馬
（周防大島文化交流センター所蔵）

真フィルムのすべてを失う。蔵書は3日間燃え続けた。その直後から大阪府の嘱託となって，社会的な事業に参画していく宮本は，離島振興法の制定を経て，1950年と51年に九学会連合の対馬調査に参加する。宮本が最も強く国境を意識したのは，対馬の北端で朝鮮戦争の大砲の音を聞いたときだった。

この対馬調査のなかで，道路の未整備など離島振興の課題にも直面したが，学問的にも大きな成果があった。鎌倉時代に遡る非常に古い文化要素や生活がいまも生きていることを知った宮本は，国境島嶼に古い文化要素が残存し，それは常在する軍事的緊張感が政治の空白や大変化をゆるさなかったからだ，という仮説を立てた。理論化や概念化をしなかった宮本にしては珍しいことである。さらに，この対馬調査は，宮本にとって，多様な学問の手法に刺激を受ける学者としての再出発の旅となった。代表作『忘れられた日本人』(岩波書店，1984年(初版1960年))にも対馬での経験や聞き書きが生き生きと描かれている。「やはり人間が一番偉いもののようでごいす」という，印象的な言葉を語った，対馬への周防大島からの移民・梶田富五郎翁の聞き書きなどは，対馬で宮本常一の足跡をたどる新しいツアーの企画にも用いられている。

■はるかな国境を夢見た島：海には赤い線が引いてなかった

渋沢敬三は，宮本常一に外国より故郷の瀬戸内海の周防大島を研究するように勧め，その比較のために日本各地を歩くように励ました。これは，戦後の復興のために役立つ知識と人脈をという渋沢の計画だったのだが，その期待にこたえて宮本は，最晩年まで国外に足を向けなかった。しかし，国境を越えた人々の聞き書きは少なくない。戦後すぐに大阪の佐野の海岸で宮本が出会った老人は，明治の初めのまだ10代の頃に仲間と二人で小舟に乗って漁に出たと語った。海の上には赤い線が引いてなかったので，九州まで行った。壱岐が見えたのでそこに渡り，対馬から朝鮮に舟を進めた。さらに遼東半島を横切り，北京に通じる河口まで来た。このときまでに1年半。二人の若者は，文字も読めず言葉も通じなかったが，魚を捕って持って行けば何でも手に入り

ケニアの家庭に食事に招かれて(伊藤幸司氏撮影)

不自由はなかった。舟がもう少し大きければインドまでも行っただろうという(宮本常一「かなたの大陸を夢みた島：対馬・五島・種子島にみる離島問題」佐野真一編『宮本常一：旅する民俗学者』河出書房新社，2005年，35頁)。宮本は，島が国境に鎖されたものとは考えていなかった。山形県の飛島の写真に「西海岸に立って見る海は広い。その向こうのシベリアは水平線に沈んで見えない」と書き，佐渡では，海岸に流れ着いた藁の馬に「島にはいろいろのものがよって来る」と書き添えている。

■はじめての外国は東アフリカ：なつかしい人々との出会い

英語も話せない宮本だったが，最晩年の1975年に弟子たちがプレゼントした東アフリカ44日間の旅が，初めて実際に国境を越える経験となった。ケニヤの空港で出会った見ず知らずの人が，日本に行ったことがあるからと，一行全員を自宅に招待してくれたりした。「アフリカの人々に対して，兄弟にも似た親しみをもつことができた。アフリカは身近な世界であり，しかもわれわれにいろいろのことを反省させてくれる世界である。もし私にこの人たちの言葉を十分にわかる力があったらどんなに肩をたたきあい，手をにぎりあって話すことができるであろうとしばしば思ったのである。」と彼は書いている。

アフリカでの経験は新鮮であった。日本の社会の急激な変化のために出番がなくなりかけていた宮本式のフィールドワークがまだまだ通用するのではないか，と強く感じたのである。悪化する健康を押し

て宮本は，次に済州島と台湾に赴く。済州島には思い入れがあった。1477年の与那国島漂流記である。しかし，済州島にも与那国島にもそうした国境を越えた交流の古い記憶や記録につながるものは容易に見つけられなかった（済州島漂流民を参照）。台湾では，山地の原住民族をたずねた。日本の古層の文化との対比が目的であっただろう。死の4カ月前に訪れた中国雲南省の旅が，宮本の最後の外国旅行となった。

第5章　揺れる境界：文学がみつめるもの

　文学とは本来，境界と戯れる営みである。

　作家はしばしば，混沌とした現象界を二元的な価値尺度で整理することによって，物語を紡ぎ出してきた。「赤と黒」も「戦争と平和」も「罪と罰」も，まさに分節し差異化することで事象を理解するという頭脳の生理にあわせて，文学が提起した世界理解のモデルである。

　その一方で作家たちは，われわれの思考の制度となっている差異化や二分法の原理自体に疑問を突きつけ，曖昧なグレイゾーンを作り出してきた。夢と現実，過去と未来，意識と無意識，原因と結果，身内と他人，理想と悪夢――文学はあらゆる概念同士の関係や境界線を相対化する。その結果，唯一無二の明快な私・空間の代わりに「見知らぬ自己」や「よそよそしい世界」を描き，未来設計や好ましい社会像の背後に「曖昧な過去」や「悪夢のようなユートピア」を垣間見せ，肯定的な主人公の姿に「弱者」や「奇人」のイメージをダブらせる。

　文学は意味や価値の線引きをして世界解釈を助けるだけでなく，線の周辺に生まれる境界領域を広げ深めることで出来事の輪郭をぼやけさせ，認識を条件付けている約束事の性格を浮かび上がらせてくれる。世の中にあまりにも多くの境界が引かれ，建物が建てられて，ものの見え方が窮屈になったとき，一度更地に戻して原初の混沌を回復させてくれるのだ。

　「海にいるのは，あれは人魚ではないのです。海にいるのは，あれは，波ばかり」(中原中也「北の海」)――存在しないものをあえて名指すことで，思考に内省的なゆらぎを与えるのも，また文学の営みだった。

　国家もまた，境界の生産と世界の分節化の作業に関わってきた。国土を囲い込むことでマイノリティや移民やディアスポラを生み，植民地獲得競争によって世界地図を色分けし，宗教的原理主義，選民思想，ナショナリズム，階級闘争論といったイデオロギー装置によって，模範国民と非・国民，正しい国家と敵性国家とを分節する。

　国家の営みはある意味で文学の構築作業を模倣しているのだが，それが作家の行う境界線ゲームと異なるのは，即自主義，本質主義，功利主義ゆえに，グレイゾーンへの許容度が低いことだ。国家は，問いを含んだ探求型の文章や迷宮の絵図よりも，明快な因果律で箇条書きされた法や，輪郭のくっきりした地図を好む。その結果，文学と国家はしばしば互いを煙たがる仲になり，作家たちは時として犯罪者や亡命者の列に連なってきた。国民国家の原理が支配的になった近代とは，そうした境界線の外に追われる作家，あるいは境界線上に生きる作家を大量に生み出した時代であり，それゆえにまた「境界」そのものが文学の中心主題となった時代でもあった。

　本章では，革命，戦争，体制変動を経験した20世紀以降の中・東欧とロシアにおける，越境・跨境的な作家たちの事例を挙げながら，文学と境界の問題について考えてみよう。

　亡命や移住の地で活躍する現代ポーランド作家たち，文語としての使用者は自分だけという究極のマイナー言語で書いた20世紀のチェコスロヴァキア詩人ウィソホルスキ，ハプスブルク帝国末期のユダヤ系ドイツ語作家カフカ，自民族語とロシア語で書いたソ連期のチュヴァシ詩人アイギ――複数の事例が示しているのは，境界線上の作家たちは決して例外的なマイノリティではなく，むしろ彼らこそが文学という発見的な営みの原点を体現しているということである。

亡命と移住の文学：ポーランドの作家たち

　ポーランドは，亡命・移住に関してとりわけ長い伝統を持つ国だが，そのはじまりは，18世紀の国土分割にある。列強諸国によって三度にわたり分割されたポーランドは，ほぼ140年間，ヨーロッパの地図上から姿を消した。分割・占領された各々の地域は，それぞれ異なる政治体制のもと，異なる支配者によって統治された。その名残ははっきりとした文化的差異となって，独立が回復された第1次世界大戦後も残った。

　列強による国土分割は，亡命・移住の歴史のはじまりでもあった。19世紀初めには，軍人や芸術家といった知的エリート層がフランスへ亡命し，19世紀末から20世紀初頭には，大量の経済移民がドイツやアメリカ合衆国へ移住した。前者は，母語や出身文化を民族の絆とみなし，亡命先でもポーランド語で文化活動を展開したが，貧農層出身者が大半を占めた後者は，移住先の社会や文化に同化した。前者がポーランド語によって書いた文学作品はやがて「亡命文学」という特別なジャンルとして制度化され，「故国喪失」の神話の生産や，ポーランド人という民族意識の形成に寄与した。

　しかし20世紀に入り，亡命・移住が著しく多様化するにともない，亡命と移住を明確に区別することは不可能となった。冷戦終結後，ポーランドからドイツへの移住／移動は，グローバル化に晒されながらも，地域の固有のネットワークによっても支えられている。

　一般に，移民や移動者は，特定の社会や文化の「よそ者」「新参者」という固定したイメージで理解されることが多い。しかし，実際には，彼らは異なる社会や文化をまたぐ，様々なネットワークの分岐点であり，結節点である。博物館展示では，そうした側面を端的に示す，二つの例を紹介した。ひとつは，社会主義崩壊直前，西ドイツへ移住し，社会主義崩壊後もドイツにとどまり創作し続けたポーランド語作家クシシュトフ・マリア・ザウスキ，二つ目は，1990年代にドイツへ移住した若手のアマチュア芸術家集団が，2001年ベルリンの中心部ミッテに創設した「ポーランド人失敗者クラブ」である。両者は，それぞれ異なるやり方で，今日の社会や文化における「境界」の意味を再考させる。

■境界をまたぐ：クシシュトフ・マリア・ザウスキ

　クシシュトフ・マリア・ザウスキは，1963年，バルト海沿岸の港湾都市グダニスクに生まれた散文作家である。グダニスク大学政治学科を卒業し，1987年イギリスへ亡命する。2年後ドイツ連邦共和国へ移住したザウスキは，スイスとの国境付近にあるボーデン湖のほとりにほぼ20年間暮らした。

　ザウスキの名前が知られるようになったきっかけは，ポーランドからドイツへ移住した経済移民やドイツ系帰還者の姿を描いた短編小説であった。それらの小説には，社会主義体制下の経済の停滞状況にうんざりし，西ドイツへ移住した人々が登場する。戦後生まれである彼らは，民族的にはドイツ系でも，ポーランド語しか話せない。

　こうした人々の存在は，社会主義ポーランドの公的言説においてほとんど言及されなかったし，ドイツメディアも肯定的に言及することはなかった。ザウスキの短篇集『ボーデン湖の三部作』(1996年)，長編『ポロニア病院』や『ガストアルバイターのブルース』は，従来のポーランドで継承されてきた「知識人の亡命」のイメージを覆し，「脱神話化」したといわれる。

　ザウスキの活動は，文学作品の執筆にとどまらなかった。彼は，ドイツ連邦共和国に暮らすポーランド語作家が，作品の発表・出版の機会をほとんど持たないことを憂い，そうした現状を改善するために，文芸誌や文学作品のアンソロジーを編集した。ザウスキによれば，ドイツ在住のポーランド語作家は，ポーランド本国の同世代作家と連携して，1990年代のポーランド語文学の担い手となるべきであり，そのためにはドイツのポーランド文化環境を向上させることだけでなく，国境をまたぐポーランド語文学のネットワークを再構築することが重要であった。彼の手によって編集された文芸誌やアンソロジーには，ドイツ在住のポーランド語作家と，ポーランド在住のポーランド語作家の両方が参加している。

　現在，ザウスキは，生まれ故郷グダニスクの隣町

ソポトに暮らしている。一般情報誌の編集と，グダニスクの中心部の美しい文芸カフェの経営をしながら，執筆活動を続ける。ポーランド語文学の未来については一貫して悲観的なザウスキだが，今回博物館展示によせて，「文学における境界」というテーマで何かを書いてもらえないか，と頼むと，快く引き受けてくれた。

以下に掲載するザウスキのテクストは，短いながらも，多様な「境界」をまたぎ越え，「ポーランド語」という言語にこだわり続けた作家の，貴重な証言記録である。

文学における境界

クシシュトフ・マリア・ザウスキ

文学における境界は，おそらく，少なくとも文学が生まれた瞬間から常に存在してきた。歴史においては，それが本質的な意味をもった時期もあれば，付随的な意味しかもたない時期もあった。しかし昨今では，政治家の確信に満ちた言葉とは裏腹に，境界がもつ意味合いは，とくに精神面で明らかに増大している。

ヨーロッパには，おそらく世界で最もたくさんの境界が存在していた。十数年前にはまだ，東から西へ車で走行する際，パスポートをポケットに入れっぱなしということはなかった。なぜなら，国境警備員がパスポート検査のため，小屋からしょっちゅう現れたからだ。中央ヨーロッパ，バルカン半島，あるいは，私がほぼ20年間暮らしていたボーデン湖のほとりには，とりわけ多くの境界がある。ヨーロッパ最大のライン滝から数百メートル離れたところにある村アルテンベルグには，欧州連合の内にあると同時に，その外にある場所さえ存在する。つまり，そこが少なくとも三本の足をもった場所であるとするなら，一本はドイツに，二本目はチューリッヒ州に，三本目はシャフハウゼンにおいているのだ。しかも興味深いことに，その行政単位のすべてに，アレマン人という，同一のゲルマン部族が暮らしている。

しかし，旧共産主義圏の国々の一部が，欧州連合と（人の移動の管理を廃止するよう規定した）シェンゲン協定に加盟した後，状況はやや変化した。国境の杭，遮断機，鉄条網はなくなった。国境警備員も姿を消した。しかし，境界は残った。地図上においてのみならず，残念ながら，人々の思考の中に。

作家とは概して，激しく制限を受ける創造物である。とくに言語という面において。彼らは大抵一つの言語で，つまり母語で思考し，執筆する。どこに住んでいるかに依らず。1987年，私は二十代そこそこで，共産主義政権により強行された戒厳令が終息したばかりのポーランド人民共和国を出国し，四十代に（自分にとっては）やや勝手のよくわからない自由の国，ポーランド共和国へ帰ってきたのだが，そこで変わらぬ唯一のものが言語であった。私は境界を越えたのだろうか。私が外国で書いていたものは，私が自国で書くものと異なるのだろうか。私には分からない。文学における境界というのは，おそらく個人的な感覚の問題だけでなく，ある歴史的瞬間の問題でもある。自国で自分をよそ者と感じ，よそ者として執筆することもあるし，至る所を故郷のように感じることもある。言語こそ本質であり，作家にとっては，原則的にそれこそが境界となる。

少なくとも私にとってはそうだ。

■境界を広げる：ポーランド人失敗者クラブの戦略

1990年代，旧ソ連・東欧圏から多数の若者がドイツへ流入した。とくに，ベルリンでは，中心部に位置するミッテ区。この地区では，ベルリンの壁崩壊後，空き家となった家屋が，ドイツ人の若手芸術家たちによりアトリエとして使用された。芸術家がたむろするこの「境界領域」に，自分たちの居場所を求めたのはドイツ人だけではなかった。有名な，旧ソ連出身のユダヤ系ドイツ語作家ヴラディーミル・カミナーも，この地区で「ロシアン・ディスコ」を経営する。

「ロシアン・ディスコ」の近所に2001年開設されたのが，「ポーランド人失敗者クラブ」である。クラブでは，平日の晩，文学作品の朗読会，映画祭，写真展，絵画展，ライブコンサートなど様々なイベントが開かれ，新しいもの好きのベルリンの若者やドイツ各地からやってくる観光客を楽しませている。

クラブの人気は，なんといっても，「ポーランド人失敗者クラブ Club der polnischen Versager」と

「ポーランド人失敗者クラブ」(トーア通り)

いう，その名称にある。Versager という「失敗者」を意味するドイツ語は，ポーランド語では nieudacznik となるが，ここには，「何一つまともに成就できない人」「うだつのあがらない人」という意味だけでなく，「名声に甘んじることのない人」という意味が込められている。ドイツでは伝統的に，ポーランド移民に対し「車泥棒」「売春婦」「だらしない」「オツムが弱い」といったネガティブなイメージが付与されてきた。しかし，クラブのメンバーはそうした固定観念を逆手に取ることで，ドイツ人の興味を掻き立て，ひいては，クラブを訪れ，失敗者集団の仲間入りすることはあながち悪くない，と思わせる。彼らは，ドイツ人／ポーランド人を分断してきた「境界」の幅を広げ，曖昧な領域を作り，そこにあらゆる人々を招き入れるという，新しい跨境の方法を提示しているといえるだろう。

クラブは，ドイツのテレビや新聞雑誌にも大きく取り上げられ，多文化的都市ベルリンのカルチャー・シーンに欠かせない存在となっている。

2002年，クラブは『ポーランド・ソーセージ人間のクラブ』と題された大衆小説を出版した。クラブのマニフェストといわれるこの小説の作者は，創立当初からの中心メンバーであった，レシェク・ヘルマン＝オシフェンチムスキだが，実際には，複数のメンバーによる共著であったという。ちなみに，2002年単行本として出版された際（写真右上）には，ドイツ語版とポーランド語版があったが，2004年出版されたペーパーバック版（写真右下）は，ドイツ

『ポーランド・ソーセージ人間のクラブ』(上：単行本，ポーランド語版，下：ペーパーバック，ドイツ語版)

語版しか存在しない。

『ポーランド・ソーセージ人間のクラブ』は，娯楽小説である。3人のソーセージ人間が，冒険の末，ベルリンへ流れ着き，ミッテ区に「ポーランド人失敗者クラブ」を開く。物語は，以下の戯れ歌で締めくくられている。

　僕らのような人間は，この街にあまり多くない
　たった何人か，ひょっとすると数十人
　残りは成功の人々だ
　クールで，冷血なスペシャリスト——
　彼らがやることを，彼らより上手くやれる者はい

ない

僕ら――弱くて，才能に恵まれていない者は，
ほとんど何もまともにできない
僕らは，牛乳を薬局で買おうとしたり，
床屋で半キロのチーズを買おうとしたりする
車は僕らにクラクションを鳴らし，
僕らは直線道路の上で立ち止まる
犬の糞を何度も踏みつけるが，
幸福などやって来やしない

僕らは，彼らの完全無欠というテロにじっと耐えている
彼らが現れると，僕らはびくびくする

彼らにとってはそれが当然．
だって，成就達成の独占を失うのが怖いから

彼らが優れていることを認めるのは，僕らにとって当たり前
しかし，創造者ではありたい
僕らの可能性に合わせた，低いレベルで

「デミウルゴスは，選りすぐりの，完璧で複雑な物質を愛するが，僕らが好むのは粗悪品」

境界の言葉を作り，そして詠う：
ウンドラ・ウィソホルスキ

■ウンドラ・ウィソホルスキとは

ウンドラ・ウィソホルスキ(1905-1989年)は，現在のチェコ共和国シレジア地方出身の詩人。本名はエルヴィン・ゴイ。地元の仲間とともに，方言を土台に作り出した「ラフ語」で詩作を行う。故郷の人々の言葉で編んだという処女作「歌う拳」(1934年)は，当時の文壇を巻き込み，賛否両論の大きな反応を呼んだ。

第2次世界大戦前のナチス・ドイツによるチェコスロヴァキア侵攻から逃れ，ソビエト連邦に亡命し，モスクワやタシケントで文学活動を行う。ソ連ではボリス・パステルナークやマリーナ・ツベターエワ

ウンドラ・ウィソホルスキ(1939年)

らとも交流し，彼らがラフ語からロシア語に翻訳した「太陽と大地の詩」(1945年)を含めた4冊の詩集は，いずれも高い評価を得た。しかし，後にソ連当局は公式に「ラフ語」の存在を否定。失意のなか，戦後チェコスロヴァキアに帰国。帰国後はチェコスロヴァキア当局から「ラフ語」の活動が弾圧され，かつての仲間も失うが，執筆活動を継続。西側の文学者や詩人とも積極的な交流を持ち，彼の詩は30ヵ国語以上に翻訳され，1970年にはノーベル文学賞候補にもなった。

1989年，ブラチスラヴァにて波乱の人生を終える。享年84歳。

■なぜ言葉を作るのか

豊かな炭鉱で知られるシレジア地方は，歴史的に列強による奪い合いが繰り返され，幾度となく国境変更を経験した。第1次世界大戦や世界大恐慌で，本来豊かであるべきシレジア地方が疲弊したのは，外国の資本主義が原因と考えたウィソホルスキは，理想の世界をソビエト連邦の社会主義に見出した。

ウィソホルスキは，ポーランドおよびチェコスロヴァキアの境界地域に住む人々はポーランド人でもチェコ人でもない200万人を超える独立したラフ民族であり，その言葉も独自の一言語であると考え，

チェコスロヴァキアとポーランドの方言分布

●西スラヴ諸語の方言分布
　ポーランド語，チェコ語，スロヴァキア語はスラヴ語派のうち西スラヴ語群に属しています。また左の図のように，それぞれの「言語」には多くの方言が含まれています。
　ウィソホルスキの創った「ラフ語」は，数多くの方言の中でも，それほど規模の大きくない故郷シレジア地方のラフ方言を基にしていました。

1936年同志の作家や詩人とともに文化研究団体「ラフの展望」を組織した。そして社会主義の主体となるべきシレジアの労働者を想い，主に芸術活動のための言葉「ラフ語」を作り出し，郷土愛，家族愛，社会主義礼賛などの詩作品を生み出した。

■方言から文語へ

　シレジア地方の言葉は，その音韻・文法・語彙のすべてにおいて，チェコ語とポーランド語の中間的な特徴を有しており，またスロヴァキア語にも近い。ウィソホルスキのラフ語は，とくに東オストラヴァ地方の言葉が土台となっているが，シレジア地方の様々な方言の特徴を取り入れ，またときにチェコ語やポーランド語の要素も踏まえた，言語として一定の規範が吟味されて成立した文語であった。

　彼が目指したのはチェコ語ともポーランド語とも異なる独自のラフ語であったが，同時にチェコ語とポーランド語への架け橋であることも強く意識されていた。例えば，ウィソホルスキの文字システムには，チェコ語から ě, č, é, š, ž, ň, ř，ポーランド語から ó, ć, dź, w, ś, ź, ł が採用され，言葉の外見として，どちらかの言語に似すぎないように，かつ共通点を明確に示すものであった。

　ウィソホルスキ率いる「ラフの展望」は，第2次世界大戦の混乱で活動を中止し，同志たちはラフ語を捨てることを余儀なくされた。しかしウィソホルスキだけは，ただ一人，当局から弾圧されてラフ語による文学作品を刊行する機会は長い間奪われたが，生涯ラフ語による執筆活動をやめることはなかった。その結果，1人の詩人だけが使用している1つの芸術のための文語という，言葉の在り方としては矛盾したユニークな現象となった。

　以下に，ウィソホルスキの境界にまつわる詩作を挙げよう。

国境のバラード
Balada o hranicach

Zamłady wandrowołch do Raćibořa,
若いころラチボシュまで旅に出た
bych hledoł ostrowy wprostředku moŕa.
海の中にある島を見るために
Coch płakoł za Odru u Bohumina?
ボフミンを流れるオドラ川で私は何を泣くのか
Hranica šla ostro prostředkém klinka.
国境が大地の真ん中を鋭く走っていた

第5章 揺れる境界

> Ze swětach śe wrocił. Jak rocky lećely!
> 私は社交界から戻ってきた。なんと時がたったことか
> Na mośće nad Olzu dwa słupy tércěly.
> オルジェにかかる橋は、二本の柱が突き出ていた
> Hranica - kaj matka chodźiła z Ćešina.
> 国境ーそれは母がチェシンから通って来たところ
> Hranica řeže prostředkém klinka.
> 国境が大地の真ん中を切り裂いている
>
> Hranica, hranica. Kaj je ćelo matky?
> 国境、そして国境。母の体はどこなのか
> Gdo lašskej duši přytahuje opratky?
> 誰がラフの魂の手綱を引いているのか
> Jak ćelo tak duch w tróch stranach swěta.
> 身体も魂も**三つに切り分けられてしまった**
> Kěj koreň lašsky śe wamože do kwěta?
> いつラフの根は花を咲かせるのか
>
> 27.5.1933

＊「三つに切り分けられる」…故郷シレジア地方がドイツ、ポーランド、チェコ・スロヴァキアに分断されていることを詠っています。

言語の境界に生きた作家：
フランツ・カフカ

　フランツ・カフカ(1883-1924年)は、ハプスブルク帝国末期(オーストリア＝ハンガリー帝国)のプラハに生きたユダヤ系ドイツ語作家である。近代社会の不条理を描いた小説家として知られている。

　当時のプラハはドイツ語とチェコ語の2言語都市であったが、高まるナショナリズムのなかで、ドイツ語中心の都市からチェコ語中心の都市へと変貌しつつあった。ドイツ人とチェコ人の民族対立が深刻化する中、大学などの教育機関や、市民たちの集うオペラハウスやカフェは、ドイツ系、チェコ系と民族別に分かれていった。ユダヤ人であり、ドイツ語の使い手であったカフカは、二重の意味でマイノリティの地位に置かれていた。しかし、彼がプラハを捨てることはなかった。カフカはチェコ語も堪能であったが、作品自体はすべてドイツ語で書かれてい

20世紀初頭のプラハとカフカの足跡

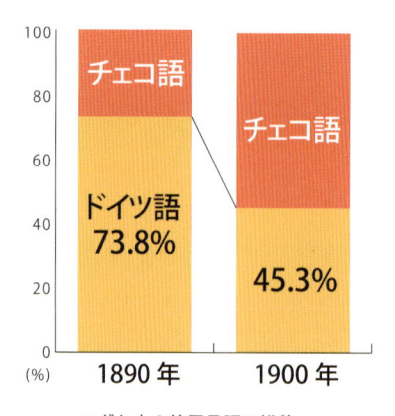

ユダヤ人の使用言語の推移

る。『変身』や『審判』などの代表作は，言語と民族の境界線上で産み出されたといえる。

プラハは細い路地が入り組む比較的小さな街であり，ドイツ人とチェコ人の公共空間が分離しつつあったとはいえ，両者の生活が完全に分断されていたわけではない。例えば，ドイツ系とチェコ系の小学校が隣接していたり，プラハ大学についても，入口こそドイツ系とチェコ系で分かれていたが，同じ建物を使っていたりした。カフカは，住居，学校，職場のいずれもプラハ中心部にあったため，両民族の活動が交錯する真只中で生活していたことになる。カフカは，ドイツ系学校出身で，ドイツ系文化人が集うカフェ・アルコに足繁く出入りしていたが，チェコ系の劇場や集会にも顔を出すなど，チェコ文化も積極的に吸収しようとしていた。

当時はヨーロッパ社会において反ユダヤ主義が強まった時代でもある。プラハのユダヤ人は，ドイツ人として生きるか，チェコ人として生きるか，それともユダヤ人として生きるか（例えばシオニズム），選択を迫られていた。プラハ市の統計調査などより，1890年から1900年までの10年間に，実数にして約4000名のユダヤ人が使用言語をドイツ語からチェコ語に変更したともいわれている。社会からの差別や排除を恐れるユダヤ人が，時代の趨勢に敏感であらざるを得なかった点が伺える。

不安と孤独を感じさせるカフカの作品には，プラハでドイツ系ユダヤ人として生きることの「息苦しさ」が反映されていたのかもしれない。当時の状況に思いを馳せつつ彼の小説を読み直してみると，また違った側面が見えてくるだろう。

言語の逆説を生きた詩人：
ゲンナジー・アイギ

詩人ゲンナジー・アイギ（1934-2006年）は，ロシア国内でもヴォルガ川中流域に位置するチュヴァシ出身の詩人である。詩を書き始めた当初，彼はチュヴァシ語で詩作を行っていた。1950年代末からは周囲の勧めを受けて，ロシア語で創作を行うようになる。しかし，ソ連政府から反体制の烙印を押されていたボリス・パステルナークと交流を持ったことなどから，アイギ自身も政府当局ににらまれ，もっぱら国外で翻訳されたものを通してその名が世界に知られるようになった。

チュヴァシ共和国

アイギ（1987年。CD-R《Поэзия тишины》）

アイギは生涯を通して，静寂や沈黙，眠り，忘却をテーマとする詩を多く書いた。本来，言葉や意識の及ばないところにあるものを，言葉を使って表現した彼の詩は，様々な逆説を体現している。ロシア語による詩の多くは，ロシア・アヴァンギャルドの流れを汲む前衛的なものであると同時に，故郷チュヴァシの風土に根ざした素朴なモチーフによって構成されている。詩集に『徴づけられた冬』(1982年パリで発行)，『ヴェロニカのノート』(1984年パリで発行，1997年にモスクワで再編)，『ここに』(1991年)，『今やいつも雪』(1992年)，『歌へのあいさつ』(2001年)などがある。ロシア語の詩の他に，母語のチュヴァシ語でも，下に挙げる「ヴォルガへのお辞儀」をはじめとして，多くの詩を残した。

■ゲンナジー・アイギの2言語使用について

アイギの作品がロシア国外で出版され始めた1960年代初めから現在に至るまで，彼の作品は50以上にも及ぶ言語に翻訳されてきた。それによって彼は世界的に有名になったのだが，翻訳された作品がいずれも彼のロシア語詩だったため，アイギはロシアの詩人とみなされてきた。一方，彼の作品のチュヴァシ的な要素についてはほとんど顧みられることがなく，ただ何人かの研究者が彼のロシア語詩に「チュヴァシ的なもの」の存在を指摘するだけだった。

実際，彼は1949年からチュヴァシ語の詩を論壇に送り始め，人生の終焉に至るまでその言語による詩や，チュヴァシ語への訳詩を創作し続けた。つまり，アイギはバイリンガル詩人だった。ただし，彼の詩的表現における言語の領域や，想定する読者については，チュヴァシ語とロシア語の詩で，互いに異なっている。

詩作における二つの異なるアプローチは，互いに異なる二つの意味空間を作り出す。アイギ自身，ときとして自分のことを「ロシア語で書くチュヴァシの詩人」としていた。しかしながら，彼のロシア語テクストの深奥からは，チュヴァシ的なエレメントや古層，何らかの精神的な力，神話的な土台，隠れたチュヴァシの現実，そしてかのチュヴァシの思い出が透き通って見える。多くの場合，彼のロシア語詩には「チュヴァシ的なもの」が暗黙のうちに存在しているといえるだろう。彼のロシア語のテクストは，チュヴァシの土壌の上に立脚しているのであって，それゆえメタ詩学となっているのだ。

まさにそこがアイギのパラドクス——チュヴァシ人としてとどまりながらロシア語の詩を創り出し，自らが世界市民であることを感じながらチュヴァシ語の詩を書くというパラドクスなのである。

(フザンガイ)

生前最後となった講演．文学サロン「21世紀の古典作家たち」Литературный салон《Классики XXI века》にて(右がアイギ，左はアトネル・フザンガイ氏．チェーホフ文化教育センター(モスクワ)，2006年1月17日［フザンガイ氏提供］)

ヴォルガへのお辞儀

ヴォルガ—父を歌に詠むことができなかった，
ミッタやシェシュペリのように，注意深く
観察することができなかった，
他の大河を選んだというわけではない！…
その声についてでも，詩を書くべきだった
(ヴォルガの波のことを，今わたしは言っている)；
そのさざめき—しじまは，
たぶん，今になって初めて分かる，
まるで，子供の頃，父の言葉を聴いておきながら，
それを忘れてしまったように，
すっかり忘れて，また新たに耳にしたときのように。
ほら，あれはヴォルガの声… 遠くから始まり，
近づいてきては夜ごと招いて，
ザワザワと鳴り，思いを掻き立て，
わたしを祝福したり，叱責したりする：
「わたしの声が響いているのに

お前には聴こえないのか！
お前は気づいてもいないようだ，――自分の心が
わたしの根とつながっていることを
わたしの波は，音を立て，
お前の枕もとに届いていた，
お前の母さんが歌う古い歌にも入っていた，
――ほら，思い出せ：戦争が始まって 3 年目のこと，
お前の母さんは，遠くから，
心に感じたようだった：
わたしは大地で，全霊を張りつめていた，
――合一の徴として！　力を合わせ，
命ある者も命を失った者も，
記憶のなかでひとつになり，
みなそれぞれに悲しみと希望をゆき渡らせた，
この大地のごとくに耐え，
寒空のごとくに耐えるため，魂に
――与えられた高揚：さらに高まってゆくために！
わたしは今までお前の枕もとに波音を運んできたが，
お前の母さんの声でもって，
記憶のなかで大きくなり，
今，彼女の歌でお前を呼ぶ，
聴け，この静かな歌を！
それはわたしを呼んでいたのだ：
ヴォルガもそわそわしているようだった
――彼女は歌った，
まるで，静まりかえった夜に
誰かを待っていたかのように，――

もっとも必要な言葉を大事にしている人は，
人の心を分かって守ってあげられる人だ！
〈……〉

(1984 年)

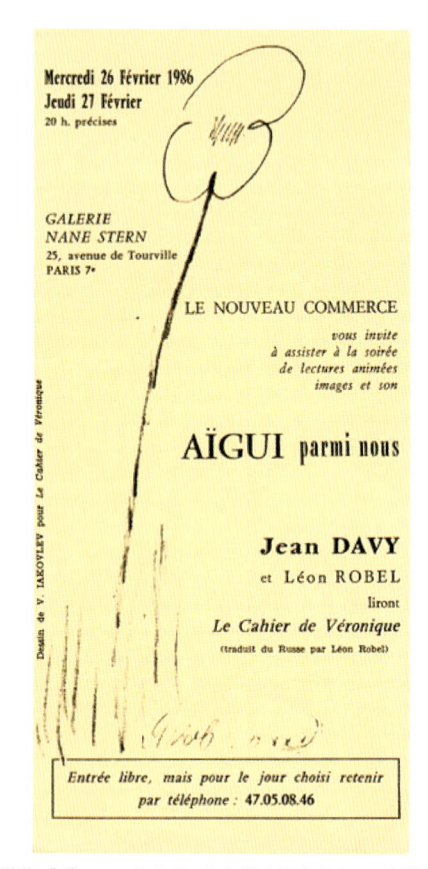

詩集『ヴェロニカのノート』発表記念集会への招待状
(1986 年パリ。CD-R《Поэзия тишины》)

◆ナボコフと蝶

　亡命作家が母語で書いた作品は，異国の地では十分な数の読者を得られない。ナボコフのようにロシア語作品ですでに名声を得ていながら，さらに別の言語に切り替えて成功した例はそれほど多くはない。裕福な貴族の家に生まれたナボコフは，複数の外国語を流暢に話せるような教育を受けていた。それでも母語でない言語で書くことは困難であり，『ロリータ』の後書きでは，何の制限もないロシア語から「二流の英語に乗り換える」ことは自分にとって「個人的な悲劇」だったと書かれている。

　作家ナボコフは鱗翅目(蝶・蛾)の専門家としての

ナボコフの作品に登場する蝶の標本

第5章 揺れる境界　73

短編集『フィアルタの春』に友人への献辞と一緒にナボコフが描いた蝶の絵。シジミチョウの一種 Lycaeides Melissa samuelis は，ナボコフが記載・命名した蝶の中では最もよく知られている（三浦笙子氏所蔵）

顔も持っている。自伝に書かれているように少年時代には，ペテルブルグ近郊の別荘地ヴィラで昆虫採集に熱中していた。革命後に避難したクリミア地方の蝶について学術論文を書いてもいる。国境を越えるたびに集めたコレクションを失う羽目になりながら，アメリカに渡ってからも大学でロシア語や文学を教えるかたわらで鱗翅目の研究を続けた。ナボコフは毎夏，蝶の採集のため妻の運転する車で北米大陸を縦断したが，その経験は『ロリータ』の舞台設定にも生かされている。ナボコフは Blues と呼ばれるシジミチョウ科の蝶の分類を整理しようとして，生殖器の解剖学的な特徴に基づいた斬新な分類法を提示した。1990年代に入ってから南米のシジミチョウについてナボコフの方法が役立つことがわかり，発見された新種の多くが「ロリータ」や「アーダ」などナボコフにちなんだ名前をつけられている。

　ナボコフの作品にもしばしば蝶が描かれる。例えば自伝『記憶よ，語れ』には，少年ナボコフが蝶を追いかけるうちに故郷ロシアの自然が亡命先の風景に切れ目なくつながる幻想的な場面がある。亡命という体験を経たナボコフは，二つの言語を操っただけでなく，文学者と昆虫学者のどちらの分野でも成功した稀有の境界的人物であった。

第6章　ポスターと絵画を読む：
中国とロシアの心象風景

　政治地理学の手法に多くを依拠するボーダースタディーズだが，境界をめぐる事象が人の認識の問題に密接な関係を持つ以上，その分野にどう切り込むかは事業の大きな課題であった。第5章のような，文学を軸とした境界を考える展示に続き，ビジュアルな素材をもとにした境界についての展示をどのように作るか考えた。振り返れば，博物館展示第2期で画家を取り上げたことがあった。美術を通じて境界表象をとらえようとする試みはフランスのグレノーブルの地理学研究者たちも試みている。私たちもこれをユーラシアを題材にできないかと考えた。第8期「知られざるクリル・カムチャッカ―ロシアから見た境界のイメージ」は，とくにソ連時代に色丹島に集う画家たちの作品展示を軸に，谷古宇尚がこれに解説をつけるかたちで開催した。ロシアではそもそも火山島の風景になじみがないとすれば，色丹に集う画家たちの貢献はロシアに新しい風景を付け加えたことであり，それはソ連のプロパガンダとも通底していた。それゆえ，ソ連が解体したあと，まして色丹島が日ソ共同宣言で日本への引き渡しを約束された土地であるがゆえに，ロシア人の画家たちは自らのアイデンティティの喪失に苦しむ。

　プロパガンダといえば中国も欠かせない。折しも，中国の存在感が私たちのまわりで，そして世界でも高まっているなか，中国を題材に表象に関わる境界研究をやる意義は明らかである。幸運なことに私たちのグローバルCOEのチームには，中国メディアの研究を専門とする渡辺浩平と，文学のみならず様々なビジュアルもの（絵やポスターなど）を縦横無尽に読み解く武田雅哉がいた。この2人のコラボレーションにより実現したのが，第6期展示「越境するイメージ―メディアにうつる中国」であった。本章では数百枚を超える武田のポスターコレクションの中から，とくに雷鋒という人物に焦点を当てるかたちで，2人にエッセイを書き下ろしてもらった。

　ロシアと中国の狭間で境界地域を見続けた香月泰男画伯の展示をもとにした記述とともに，本章は3部構成で作られている。絵画やポスターから読み解く境界事象の研究は，人文系と社会系をつなぐ画期的な研究手法としても評価されている。ビジュアルなものから入っていくという点は政治地理学の手法とつながるものだとも私は考えている。

第8期では自然科学とのコラボ展示も行われた
（「クリル・カムチャッカの自然と人々」松枝大治）

第6期展示の「変貌する中国の女性像」

フェラーリを拭く雷鋒

　中華人民共和国が成立してから世に送られた，プロパガンダ・ポスターや，政治宣伝・共産主義教育を目的とした連環画や読み物のなかで，ひときわ人々の記憶に深い印象を残したキャラクターは，なんといっても毛沢東そのひとであろう。しかし，あえていま一人を挙げるとすれば，それは雷鋒にほかならない。

　雷鋒は，1940年12月18日，湖南省望城県の貧しい農家の子として生まれた。祖父は地主に借金の返済を迫られ，病死したという。父も地主，国民党，日本軍の迫害のなか，病死。兄は資本家の工場で怪我をして解雇され，結核が悪化して死ぬ。弟も病と餓えで死亡した。母は地主の「凌辱」と「迫害」を受け，自殺したとされる。少年雷鋒は旧時代の不幸を一身に背負うのである。

　こうして，7歳で孤児になった雷鋒は，新中国が成立してから学校に入り文字をおぼえ，さらにはトラクターの運転を学んだ。1958年，遼寧省の鞍山製鉄所に職を得て，その勤勉なる働きぶりから，労働模範として何度も表彰された。

　1960年，あこがれの人民解放軍に入隊する。毛沢東の著作を熱心に学習し，ついに共産党に入党。日頃の「善行」によって，幾度かの顕彰を受け，撫順市の人民代表にも選ばれた。共産党と毛沢東を敬愛して忠誠を誓い，後に「毛主席の良い戦士」と称された。1962年8月，トラックを誘導中，ふとした事故で死亡。享年は22歳という若さであった。

　翌1963年3月5日，毛沢東が「雷鋒同志に学ぼう」のスローガンを揮毫し，共産党中央の機関紙・人民日報に発表，その後，全国的に「雷鋒同志に学ぶ」キャンペーンが展開される。以上が，中国共産党中央によって積極的に宣伝された，あるいは若干の虚構をも交えているかもしれない，雷鋒の生涯である。

■おびただしい数の善行

　その後，雷鋒は子どものみならず，国民の道徳的アイドルとなり，毛沢東がスローガンを発した3月5日は雷鋒記念日とされ，その前後は雷鋒週間として，全国民は，雷鋒に学んで「善行」を積まねばならないことになった。雷鋒の家族が，地主，国民党，そして日本軍という三大悪玉の迫害を受けたという点は，新中国の宣伝活動において，まさしく格好の

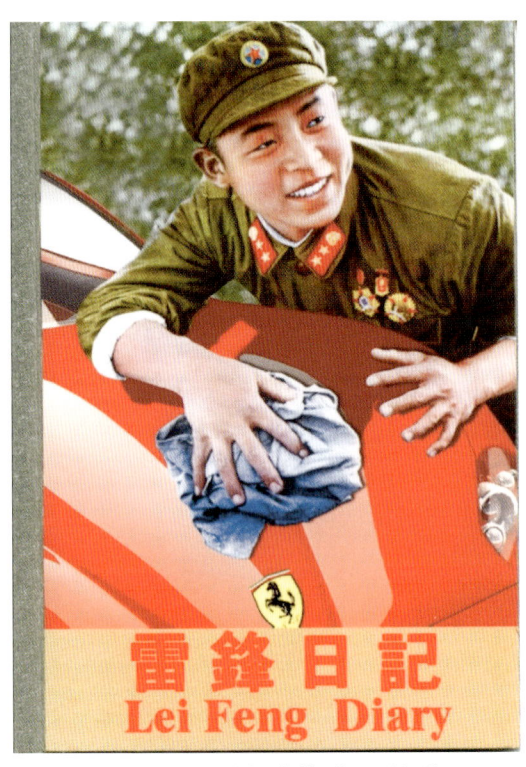

解放トラックをみがく雷鋒

フェラーリをみがく雷鋒（『雷鋒日記』より）

ポスター「向雷鋒叔叔学習（雷鋒おじさんに学ぼう）」(1965年)

キャラクターであったといえるだろう。

では，生前の雷鋒は，どのような「善行」をなしたのか？ その主なものは，伝説を交えて物語られる，以下のようなエピソードに伝えられている。

父親が病気になった兵士の親元に10元を郵送し，その兵士の名前で慰めの手紙も送った。

中秋の夜，もらった月餅を，近所の病院に入院している労働者に，手紙とともに送った。

駅で切符をなくした中年女性を目にし，代わりに切符を買ってあげた。感動した女性が「あなたのお名前は？ どこの部隊ですか？」とたずねると，笑って，「名前は解放軍。住所は中国さ！」と答え，去っていった。

毛主席の著作などを買うお金，および理髪代と石鹸代以外は，すべて銀行に貯蓄した。

「節約箱」を作り，使用済みの歯磨き粉のチューブなど，みんなが棄てるものもしまい込んでいた。

2着配給される夏服を，1着だけ受け取り，「国家のために節約になる」と言った。

靴下が穴だらけになっても新しいのを買わず，なんども繕って使った。

撫順市望花区に人民公社が成立すると，200元を持って公社に寄付しようとした。公社の者が感動して，「お気持ちだけいただきましょう。これはご自分で使うか，家に送ってはどうですか？」と言うと，

雷鋒は「人民公社こそがわたしの家です」と言った。公社は100元を受け取り，「あなたのお名前と部隊は？」とたずねると，雷鋒は，「以前は孤児。いまは解放軍戦士です！」と答えて，去っていった。

体調が悪くて病院に行った帰り，建築工事現場を通りかかった雷鋒は，いきなりレンガ運びを手伝い始めた。感動した現場の放送員は拡声器で「解放軍同志に学ぼう！」と声をあげた。おかげで一日分の作業が半日で済んだ。みんなが彼を囲んで礼を言うと，「当然の義務をしただけです」と言って，さわやかに去っていった。

1960年の夏，大洪水が撫順を襲った。体調を崩した雷鋒は，連隊が休むようにと言うのも聞かず，現場に駆けつけて作業に加勢した。その結果，倒れて近所の家に担ぎ込まれたという。

雷鋒の善行を数え上げたらきりがない。同時に，彼が称賛されるのは，その精神（雷鋒精神）だ。その日記に言う。

例えば1960年11月27日の記述，「永遠に党の指示に従い，毛主席の著作を学び，毛主席の良い戦士となる」，1962年8月6日には，「我々が食事をするのは生きるためである。しかし，生きることは食べるためではない。私が生きるのは，全身全霊をもって人民に奉仕し，人類の解放事業—共産主義のために闘うためである」と書きつけている。

「雷鋒日記」には，毛主席，党，共産主義，人民という言葉がちりばめられ，それらに対する忠誠の決意がこれでもかと記されている。雷鋒にとっては，生きることのすべてが，毛沢東と党への献身となるのである。

雷鋒は，毛沢東の揮毫を経て，英雄となった。その後，毛に続いて，劉少奇，周恩来，朱徳，鄧小平も雷鋒を褒めたたえる。

■変わる役割

雷鋒があの世に旅立ってからの数年間，すなわち文革発動までの1960年代前半においては，親切第一，質素倹約，滅私奉公などの，比較的地味な善行が称賛された。人民はこれを範とすべきであるとの論評が，子どもから大人までを対象に展開されていた。ポスターや連環画のタイトルを見ても，「雷鋒

ポスター「従小学雷鋒（小さいころから雷鋒に学ぼう）」（1964年）

ポスター「用毛沢東思想武装起来的人是最大的戦闘力（毛沢東思想で武装した者は最大の戦闘力となる）」（1971年）。ダマンスキー島をめぐるソ連との戦闘を描く。

おじさんに学ぼう」という子ども向けのスローガンが多く、この時期の雷鋒は、おだやかな道徳教育の道具として使用されたのであった。

ところが文革が始まると、雷鋒はしばし消え、より激しい行動、例えば実際の戦闘において自己犠牲的な行為をなした兵士たちが、テーマの主流となる。勇猛果敢に戦い、敵を殲滅する者たちである。

文革後期の1970年代に至って、雷鋒は復活するものの、道徳の模範というよりは「毛主席の良い戦士」という、毛沢東と共産主義を死守する戦士としての一面が押し出され、身長154センチの小男は、図像の上では大きな体躯であるかのように描き変えられ、可視化されたのであった。

文革が終わると、雷鋒の役割は、再びかつての道徳的模範に回帰する。文革での傷痕をいやすべく、とりあえず必要とされたのは、戦闘的な「紅衛兵」から、礼儀正しい「雷鋒」への移行であった。さらにまた、雷鋒を用いた宣伝のターゲットは、再び子どもに移行する。それは、1980年代以降の複雑な中国社会を生き抜くべく求められるものが、素朴な雷鋒精神との間に、すでに齟齬を生じてきたことによる。

■編集された写真

さて、雷鋒には実に多くの写真が残っている。もともと写真を撮られるのが好きであったとも伝えられているが、時の人となってからは、新聞社のカメラマンなどによって撮影された膨大な数の写真が、宣伝の材料とされた。その1枚に、雷鋒が愛車の軍用トラックを磨いている写真がある。トラックは、国産の「解放」ブランドのトラックである。この写真をめぐっては、ひとつの裏話が残されている。

雷鋒が実際に「愛用」していたのは、じつは解放トラックではなく、ソ連から払い下げられたポンコツであったというのだ。そんなポンコツながらも、雷鋒はだましだまし、これを使いこなしたというエピソードもあり、これもまた彼の倹約精神を顕彰するのに効果的な材料であった。

しかしながら、この写真を撮影するにあたっては、あえて愛車ではない国産の解放トラックを用いたのである。彼の愛国精神を際立たせる必要があったからである。

この写真は、新聞雑誌を飾り、雷鋒精神を広めるための宣伝画にもなり、当時の国民の誰もが知る「雷鋒」図像の1枚となった。かれの写真には、おおむねこのような「編集」が加えられているのである。

時代はぐっと下って、2010年代の北京郊外。798と呼ばれる芸術村。そこで売られているノートにこの写真から起こした絵が掲げられていた。

緑色の軍服を着た男が右手にブルーの布を持ち、車のボンネットを拭いている。襟には星二つの襟章、左胸には三つの勲章が輝く。そこまでは元の写真と同じだ。しかし、雷鋒が持つ布で磨かれているものは鮮やかな赤の車体である。「解放」の文字の代わりには、黄色の地に黒の跳ね馬のエンブレムが浮かぶ。車は、イタリアの高級車・フェラーリだ。絵の下には「雷鋒日記」と書かれている。

798とは、人民共和国が建設されて間もない1950年代初頭、東ドイツの援助によって建てられた工場地帯である。旧式の設備ゆえ淘汰されたその工場跡地に、芸術家がアトリエを作り、ギャラリーが現れたのは2000年代に入ってのことだ。当初は、一般人を寄せ付けない先鋭的な場所だったが、尋常ならざる市場化が進行している中国のこと、アートシーンも例外ではなく、ちょっとした観光地となり、週末には若い男女や家族連れが、土産物を物色し、カフェで食事をする娯楽施設となった。

前述の通り、解放軍に入隊して以降の雷鋒の写真には、編集されたもの、つまり「やらせ」が多かったことが明らかになっている（師永剛ほか『雷鋒1940-1962』三聯書店、2006年）。また日記の信憑性にも疑問符が付されている。

毛沢東は1959年の廬山会議で、餓死者を出した大躍進政策の失政を彭徳懐によりいましめられると、逆に彭を批判し失脚させ、かろうじて、自身の立場を守る。その後、腹心であった林彪は毛の学習運動を展開し、その流れのなかで、解放軍の遼寧軍区が、雷鋒を「毛沢東の良い戦士」としてキャンペーンを張り、祭り上げたというのが、ヒーロー雷鋒の誕生物語である。

フェラーリの絵のオリジナルの写真は、解放軍のカメラマン・張峻によって撮影されたうちの1枚だ。胸に勲章をつけて、ぼろ布で車を磨くポーズはどう考えても自然さに欠ける。

雷鋒は解放軍に入隊してから、自動車の運転手をつとめた。彼は、常日頃、車を大切にし、自ら修理を行ったという。運転席で同僚と語らうシーンや、毛沢東選集を開く写真が多く残っている。民族ブランドの解放トラックを磨く「編集」された写真から、これまた多くの脚色された宣伝画が描かれ、広く人口に膾炙するものとなったこともすでに述べた。

798の土産屋で売っていたノート絵は、オリジナル写真が「やらせ」であるという前提のもとに描かれている。そこに、新たなフェラーリという「やらせ」を加えた。そこにこの絵の批評性がある。

フェラーリは言うまでもなく富の象徴だ。つまり、現在の中国共産党を意味する。江沢民の「三つの代表」思想によって、共産党は階級闘争を完全に捨て去り、人民の党から、資本家の党に変わったのである。中国製の解放トラックが、フェラーリに替わった。雷鋒の盲目的な献身の対象が、高級車になった、ということである。

■ 4月に去らなかった理由

雷鋒という名は、中国語の教科書で習っていたが、その名を私（渡辺）が強く意識したのは1990年のことだった。日系企業のサラリーマンとして北京に駐在していた折に、あるとき忽然と雷鋒が現れたのである。「雷鋒精神に学べ」という一大キャンペーンが始まったのだ。

1990年の「雷鋒に学ぶ日」は、3月5日の前の週から「学雷鋒迎亜運（雷鋒に学び、アジア大会を迎える）」という名で始まったのである。アジア大会は、その年の9月末から10月初めに開催された。

3月4日の日曜日の午前に、天安門広場で記念式典が開催された。続いて、王府井（ワンフージン）などの繁華街では、アジア大会の資金集めの宝くじが売られ、国家体育委員会の幹部が市民と対話をし、有名スポーツ選手のサイン会が開かれた。

同時に、職場単位による奉仕活動もスタートした。通りでは医師が無料健康診断をし、レストランのシェフが料理のアドバイスをしていた。警察官は休

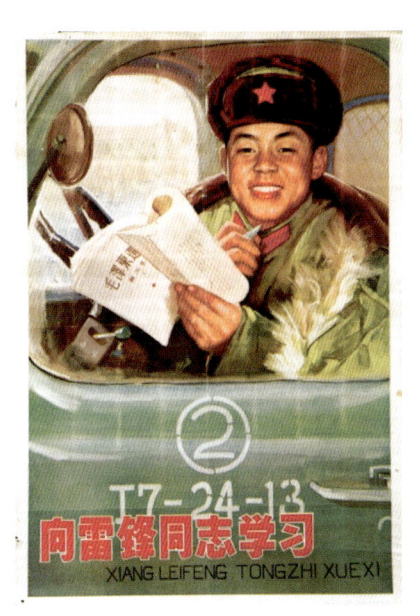

ポスター「向雷鋒同志学習（雷鋒同志に学ぼう）」（年代不詳）

みを返上し，長安街の車線を区切る欄干を拭いていた。北京の辻々では，車がのぼりを立てて，革命歌曲を流していた。

なぜそのようなことをしたのか。前年の6月4日に天安門事件が起こったからだ。4月15日，学生の自由と民主への希求に理解を示した元総書記・胡耀邦が死んだ。民主化を求める学生が天安門広場に集まった。その後，学生は広場に座り込みを始める。6月3日夜，中国は人民解放軍を送り込んだ。軍は進軍のさなか実弾発砲をし，学生を強制排除した。死者は数百人に及んだ。北京の三環路沿いに住んでいた私も6月4日の未明に銃声を聞いた。翌々日，長安街の西で焼け焦げた薬莢を拾った。

中国共産党は事件の背後に，西側の思想が若者の心を籠絡した，つまり「和平演変（平和的革命）」が起こったとした。そのために，青少年の思想教育を重視せねばならないと考えた。1989年12月，共産党の青年団体・中国共産主義青年団（共青団）は，思想工作を強化する通達を出す。そして，その一環として，1990年1月から2月にかけて，雷鋒精神をもって青少年を強化する通知を発するのだ。

2月11日に共青団中央から出された「雷鋒を学ぶ活動を深く展開することに関する意見」では，雷鋒精神の核心は，党と人民を愛することであり，その雷鋒精神をもって，青少年の思想道徳を高めることが謳われている。

毎年の3月5日のキャンペーン前後，巷間では「雷鋒は3月にやってきて，4月に去っていく」と囁かれていた。キャンペーンは所詮季節性のものであり，無償のボランティアを一度ぐらいやれば，雷鋒はいなくなってくれる，ととらえられていたのである。

しかしその年は4月になっても，雷鋒は去らなかった。1990年4月28日朝日新聞朝刊が，「雷鋒同志に学ぶ」キャンペーンが4月になっても衰えず，雷鋒が殉職した遼寧省の撫順市にある雷鋒記念館には，全国から参観者が殺到している，と伝えている。中国共産党が，例年よりも長く運動を展開したのである。

しかし，4月に去らない雷鋒を，人々は冷ややかに見ていた。中国人の知人は，今年は「4月になってもいなくならない」とこぼしていた。とくに，思想道徳の強化に雷鋒を持ち出された当の若者は，批判的な視線を投げかけていた。

同じく朝日新聞は5月11日の朝刊で，5月初旬に北京大学に張り出された北京大院生会が実施した学生アンケート調査（サンプル数453名）の結果を伝えている。そのなかで，雷鋒に学ぶキャンペーンが開かれていることに「反感を持つ」学生が32.4％，「必要なし」と答えた学生が30.4％いたという。「当面の思想教育について」も，「どうでもよい」が21.8％，「意味がない」37％，「反感を持つ」36.8％という結果だ。このアンケート調査は，当局によってただちに撤去されたという。大学生が党政府の思想教化に対して，強い反発を抱いていたことがわかる。

1990年，雷鋒は5月に入りようやく去った。その後に何がやってきたのか。当時の総書記・江沢民は，五四運動の記念日に，愛国主義を強く打ち出した。五四は1919年，ベルサイユ条約の結果の不満から発生した抗日，反帝国主義を掲げた大衆運動である。江総書記の演説のタイトルは「愛国主義と我が国の知識人の使命」だった。天安門事件で失脚した前総書記・趙紫陽は前年の五四の演説で，愛国，民主，科学を同等に挙げて称揚していたが，1990年の五四演説は，愛国主義に重点が置かれるようになったのだ。これも，西側からの「和平演変」への対抗策であった。

愛国主義は，1990年代初頭から，教育現場で徹底され，中国各地にある日中戦争時代の事績を展示する抗日記念館が，愛国主義の教育基地として，リ

展示会場でお客さんに笑顔をふりまく雷鋒くん

ニューアルされ，愛国主義の生きた教育現場として積極的に活用されていくのである。

「憶苦（苦しみを思い出す）」は，1960年代に解放軍が雷鋒キャンペーンを起こした主要な目的だ。地主に抑圧された階級の苦しみや，列強による半植民地化の苦しみを思い出すことは，共産党の正当性を訴えることにつながる。1990年代の愛国主義教育も，民族の苦しみを青年たちに教え込む「憶苦」の徹底であったといえる。

■永遠の雷鋒

1990年，愛国主義に身を譲って去っていった雷鋒が，再び大きなキャンペーンとなって現れたのは，1990年から22年経った2012年のことだった。その年は，雷鋒没後50年にあたる。しかし，雷鋒が再び大きく喧伝され始めたのは，その理由だけではない。

前年2011年秋に開かれた中国共産党の第17期六中全会で，雷鋒に学ぶ活動の「常態化」が提起されたのである。六中全会の主要議題は文化体制改革だ。西側とは異なる独自の「社会主義文化」を強化し，中国は社会主義文化強国になることがそのコミュニケで謳われている。その一環として，「雷鋒精神」が持ち出されたのである。

中国共産党はその翌年つまり2012年2月27日に，雷鋒に学ぶ活動についての通知を出す。通知の第一項，「雷鋒に学ぶ」活動を行う意義について，このようにいう。

「雷鋒は社会主義，共産主義思想道徳を実践する模範であり，雷鋒精神は中華民族の精神の具現であ

り，社会主義の核心価値体系の生きた解釈である」。そして，雷鋒精神をもって，党員幹部の教育を行うことが打ち出されるのだ。

1990年の雷鋒精神の教化対象は，六四天安門事件を担った若者であったが，2012年のそれは党員幹部となった。党員幹部の気持ちが，フェラーリに代表される物欲に向かってしまったからである。

天安門事件のあと，鄧小平はさらなる改革開放政策に舵を切り，1990年代半ばから，経済の市場化が急速に進んだ。2001年には中国はWTOに加盟し，グローバル経済とつながり，中国経済はその恩恵をぞんぶんに享受した。中国経済は長足の進歩を遂げ，2010年にはついにその経済規模は，日本を抜いて世界第2位にのし上がる。経済制度はほぼ市場原理によるものに変わったのである。

しかし，経済を統治する政治制度はきわめて不透明なかたちで温存され，企業統治のあり方も明朗さには欠けるままだった。その結果，既得権益層が利益を独占する「権貴資本主義」が中国全土にはびこったのである。

地方幹部と開発会社が結託して，低廉な価格で地上げを行い，利益を懐におさめる。国民からもメディアからも，監視が働かないので，一部幹部は野放図に利益を追求する。よって，さしたる給与をもらっているはずもない共産党の地方幹部が，スイスの高級時計をいくつも所有する。家族を海外に行かせ，資産も国内から国外に移す。

その典型が重慶の総書記・薄熙来だった。薄熙来は，重慶モデルと呼ばれる開発独裁で重慶市を発展させたが，他方，私利の追求にも余念がなかった。2011年11月に妻の谷開来が，薄家と懇意のイギリス人を殺害する。それを知った腹心の王立軍が米国領事館に逃げ込む。王立軍事件である。後に明らかになるが，薄熙来は部下からの賄賂によって，60億ドルもの不正蓄財をはかっていたという。共産党への背信ここに極まれりという事件だった。

無私の献身を日記につづり，「毛沢東の良い戦士」として称揚された雷鋒，同じく毛沢東思想を掲げ，革命歌曲の歌唱を奨励した薄熙来，ともに共産党員であったが，その表象は全く異なるものといえよう。しかし，雷鋒の英雄譚も，薄のスキャンダルも，真

展示会場の一部

実がいかなるものかは、わからないのである。中国共産党が2012年2月末から、雷鋒に学ぶ活動を幹部向けに展開し始めた背後には、薄熙来、王立軍問題があったのだ。

　イデオロギーを統括する中国共産党中央宣伝部部長の劉雲山は、2012年3月5日の人民日報に談話を発表した。そのタイトルは「永遠の雷鋒、永遠の雷鋒精神」だ。そこで強調されたことは、公民道徳と社会文明水準の向上である。党員の心が、解放トラックではなく、フェラーリに向かっては、共産党の執政の正当性は崩壊する。雷鋒を使って、旧時代の階級と民族の苦しみを思い出させるのではなく、基本的な「人の道」を説かねばならなくなったのである。

　1990年3月、西側の思想に洗脳された若者の心を解毒するために持ち出されたのが雷鋒だった。次は大人である党幹部が、「権貴資本主義」によって腐敗し、その矯正のために、2012年3月に雷鋒が使われたのである。しかし、共産党はその「常態化」を謳ったが、雷鋒は例年通り、しばらく経つといなくなり、その後も、幹部の汚職は絶えることはない。

　1960年代、共産党によって作られた雷鋒のイメージは、時代の要請によって、編集され変化しながら生き続ける。他方、人々の意識は中国共産党から離反し、ときにその姿はパロディーとなって現れる。

　154センチの短躯の雷鋒が、次に、大きな政治的キャンペーンの主人公として現れるのはいつのこと

ポスター「熱烈慶祝"毛主席的好戦士雷鋒紀念館"隆重開幕（《毛主席の好い戦士雷鋒記念館》の盛大なる開幕を熱烈に祝う）」（年代不詳）

雷鋒の偉業を伝えるシリーズもののポスターの1枚（年代不詳）。工事現場で作業を手伝う雷鋒。

ポスター「春耕」（1959年）

ポスター「学習雷鋒同志的榜様，做毛主席的好戦士！（雷鋒同志の模範に学び、毛主席の好い戦士になろう！）」（1965年）

か。雷鋒を読むことは，現代中国を読むことでもあるのだ。

香月泰男がみた中国とロシアの境界地域

■香月泰男：満州・シベリアの記憶を描く画家

　山口県の三隅町(現・長門市)生まれ。幼少時より，雪舟の流れを汲む絵に親しみ，自然と画家への道を志す。東京美術学校(現・東京芸術大学)に入学し，ヴラマンク，ゴッホ，梅原龍三郎などに傾倒し，東西絵画の融合を模索しながら独自の絵を求めた。国画会に入選，文部省美術展覧会で特選を取り，一流画家への道を順調に歩んだ。

　しかし，太平洋戦争の勃発，それにともなう軍隊召集によって香月の人生は一変する。満州ハイラルに駐屯し奉天で敗戦を迎えた香月は，満州でソ連軍の「捕虜」となる。そして北緯50度の黒河からアムール川を越えたときから，強制労働に従事する「抑留者」となった。従軍とシベリアでの4年半が，画家としての香月泰男のその後に決定的な影響を与えた。

　復員後，約30年をかけて描いた「シベリヤ・シリーズ」全57点は，黒と褐色を中心とする独自の

東へ西へ
(山口県立美術館所蔵)

第2期「知られざる北の国境」の展示風景
(業火・習作：香月泰男美術館所蔵)
手前は樺太の日露国境標石第2号の現物

手法と印象性を持ち，香月個人の戦争体験・シベリア体験を表した代表的作品群である。

　奉天から北上を続ける間，私は貨車の鉄格子にすがっていつも外を眺めていた。これは絵になる，あれは絵にならない，そんなことばかり考えていた。強いてそうすることによって，他の兵隊たちと同じような，孤独と疲労から来る虚脱状態を防いでいたともいえる。そんなある日，天に届くばかりの火炎をあげて，兵舎が燃えているのを見た。何日間も燃えつづけているのだという。火薬庫でもあるのか，炎がすさまじくはぜて，あたかも悪業の終末を告げる業火の如く見えた。

（香月泰男「業火」より）

業火
(山口県立美術館所蔵)

■ハイラル通信：中国の境界地域から

　満州ハイラルに軍隊の営繕係として駐屯していた

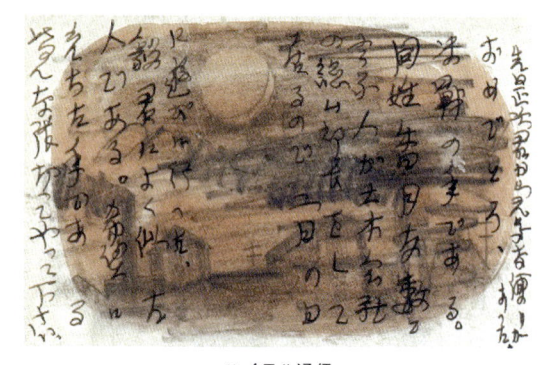

ハイラル通信
（香月泰男美術館所蔵）

2年間、香月は、山口に暮らす家族宛に水彩画を寄せた郵便はがきを毎日のように出していた。検閲を経て妻のもとに届いたその数は360通を超える。いわゆる「ハイラル通信」は香月にとってユーラシアとの出会いの記録である。

■香月泰男と北海道と「おもちゃ」

1936年、香月泰男が美術教師として最初に赴任したのが倶知安中学校である。25歳の香月は職員室では無口でおとなしかったが、「頭はぼさぼさ、ズボンはコールテン」、生徒にボクシングを教え、

第6章 ポスターと絵画を読む　85

下宿に呼んでパンをご馳走するなど，親しみの持てる存在であった。

しかし，制作に没頭しているときの香月は，生徒のことを気にかけず，邪魔がすぎると木槌を持って追い回したり，火事など気にもせず木くずの多い工作室でタバコを吹かすなど「個性的」でもあった。

この頃，香月は初めて工作の指導も行い，鍋敷きの模様を彫刻刀で彫ったり，スキー板を作らせたりしている。後に香月は身の回りのガラクタで人物や動物をつくり，「おもちゃ」と呼んだ。倶知安時代の経験が，この「おもちゃ」づくりへとつながったのだろう。

しかしながら，山口で生まれ育った香月には，ニセコの冬の寒さと雪は耐えがたく，倶知安での暮らしは，1938年に山口の下関高等女学校に転任するまでの，わずか2年で終わった。

魂を抉るように暗く重い「シベリヤ・シリーズ」に比べ，まるで同一人物の手によるものとは思えない香月の「おもちゃ」は，柔らかいユーモアと温かみを感じさせる。生きて故郷に還り，家族とともに暮らす喜びが込められているのだろうか。
（『香月泰男：あたたかなまなざし』小河原脩記念美術館他，2004年より）

中学校の美術室にて（香月直樹氏提供）

木彫りのアイヌと熊の人形（香月泰男美術館所蔵）

羊蹄山をバックに（香月直樹氏提供）

第9期「境界研究　日本のパイオニアたち」

ロシアからみた境界のイメージ

■シコタン・グループの活動

おおぜいのソ連の画家たちが、日本にとっての北方領土である南クリルを訪れ、長期間にわたって制作活動をしていたことはあまり知られていない。彼らは、辺境の地の自然に魅せられ、数多くの風景画を残した。なかでも、モスクワと沿海地方(ウラジオストクとウスリースク)出身の画家からなるシコタン・グループの存在が注目される(図1)。

このグループのリーダーは、オレグ・ロシャコフ(1936年生まれ)である。彼はスリコフ・モスクワ国立美術学校を卒業したあと、1960年から62年まで、ウラジオストクの美術学校に教師として赴任した。このとき、それほど年齢の変わらない学生たちと交流を深め、任期を終えてからもウラジオストクを一時的に訪れ、かつての学生と一緒に風景を描いたりしていたが、ふとロシア極東の知らない土地に興味を抱くようになる。1966年の夏、コムソモール(共産主義青年同盟)に派遣され、サハリン州とカムチャツカ州への旅行許可を得ることができた。立ち寄ったユジノサハリンスクの空港で、ウラジオストク美術学校でちょうど同じ2年間同僚だったイヴァン・チュイコフともう一人の画家にたまたま出会った。イヴァンの父親は《ソビエト・キルギスの娘》で有名な画家セミョン・チュイコフで、イヴァン自身、後にモスクワ・コンセプチュアリズムのアーティストとして西側にも知られるようになる。

いずれにしろ、この偶然の出会いがロシャコフの画家としての一生を決めることになった。彼らは、カムチャツカやクリルのなかで色丹島が最も素晴らしい場所だといって、ロシャコフにすぐさまそこへ向かうことを強く勧めたのである。飛行機で国後島のユジノクリリスクに行き、そこから色丹島まではトロール漁船に便乗した。ロシャコフは、色丹の入り江の多い海辺や起伏のある丘、また風景が鮮やかさを増す天候の急激な変化に引き付けられた。彼はウラジオストクから自分の学生だったウラジーミル・ラチョフ、ユーリー・ヴォルコフ、エヴゲニー・コルシュらを呼び、モスクワからも知り合いの画家に声をかけ、毎年のように色丹を訪れるようになった。夏の間、バンガローのような住居で共同生活を送りながら制作したのである。1966年からソ連が崩壊する1991年まで、ロシャコフは23回も色丹島に滞在している。短い期間だけ参加した者もいるが、メンバーは30名を超える。

ロシャコフによれば、これらの画家たちと色丹との結びつきは特別だという。ソ連の他の場所で、同じようなグループ(例えばタジキスタン・グループとかチュコトカ・グループとか)が形成されたわけではない。また誰でもメンバーになれたわけではなく、高いレベルの技量が要求され、新しい画家を受け入れるときには慎重に検討された。1980年にはモスクワのクリムスカヤ河岸通りにあるソ連美術家同盟展示場で「クリル列島の芸術家たち」展が開催された。こうしてシコタン・グループは、ソ連の首都でもその存在を示すことができたのである。

■色丹島の新しい風景

シコタン・グループの画家たちがしばしば描いたのは、色丹島の斜古丹(マロクリリスク)湾から国後島の爺々(チャチャ)岳を眺める風景である(図2、3)。

爺々岳は二重式火山で、外輪山から中央火口丘が突き出して見える。千島列島に数多くある他の火山から容易に区別されるこの形は、シコタン・グルー

図1 シコタン・グループの画家たち
左からユーリー・ヴォルコフ、オレグ・ロシャコフ、ウラジーミル・ラチョフ、エヴゲニー・コルシュ、アレクサンドル・ウセンコ

図2 オレグ・ロシャコフ《シコタン,マロクリリスクの停泊地》(1989-95年)

図3 色丹島を描いた作品が数多くの作品が残されるウラジーミル・ラチョフ(1939-2003年)のアトリエ。

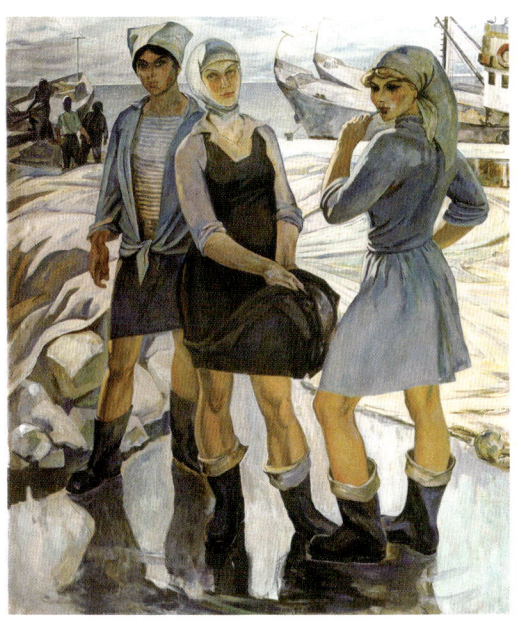

図4 ユーリー・ヴォルコフ《色丹島の女の子》(1969年,ウラジオストク,沿海地方絵画美術館蔵)

プのシンボルとなった。斜古丹湾には船が停泊し、旅路の果ての休息地といった趣がある。伝統的なヨーロッパ絵画の牧歌的風景画、あるいは理想的風景画が湛える穏やかな雰囲気と比べてみることもできるだろう。火山と入り江の組み合わせによって、南クリルの典型的な風景が生み出されたのである。

マロクリリスクには1960年に操業を開始した漁業コンビナートがあり、漁繁期にはソ連本土から季節労働者が何千人もやってきた。工場と労働者(とくに女性労働者)が、シコタン・グループにとってもうひとつの重要なモチーフとなった。産業の風景は、社会主義リアリズムにふさわしい画題である。ヴォルコフの《色丹島の女の子》は、ロシャコフには慎みのないものに思えたが、色丹島での生き生きとした人々の交流を伝えてくれる(図4)。

風景を見る目は、風景「画」が作り出す。シコタン・グループの風景画によって、南クリルはソビエト的人間がそこで暮らす、ソ連の新しい風景として見られるようになった。そこが、祖国ソ連の一部に組み込まれるべきであるという画家にとってもサブリミナルなメッセージが、二重式火山と湾のある風景によって伝えられていくかのようだ。このような係争地や境界地域の「風景／風景画の政治性」(あるいは場合によってはその「非政治性」)について、様々なケースにおいて考察することができるのではないか。

■境界の表象

2007年の初夏に、筆者はロシャコフと会うことができた。場所は、モスクワ市南区にある公設のギャラリー"ザモスクヴォレーチエ"で、そこには彼の多くの作品が保管されていた。そのときはちょうどニコライ・ノヴィコフ(1922年生まれ)の展覧会が開かれており、ロシャコフは展示室の床に自分の作品を並べて待っていてくれた(図5)。

近年「ソ連印象派」という言葉が使われることがある。細かなタッチを重ねたノヴィコフの作品はそれにふさわしく、明るい光を表現したり、親密な雰囲気を醸し出すことに成功している。一般受けもよく、アメリカ人のコレクターにも好まれそうだ。そ

図5　オレグ・ロシャコフ。壁に掛けられているのはニコライ・ノヴィコフの作品。下に置かれる2点がロシャコフのもの。左は《シコタン，マロクリリスクの停泊地》，右は《マロクリリスク湾》(1989年頃)。

れとは対照的に，ロシャコフの大ぶりなストロークは力強く，社会主義リアリズム(とりわけ，英雄的な理想主義ではなく，現実のなかで暮らす人間に落ちついたまなざしを向け，様式的には明確な輪郭線と比較的幅広の色面で描こうとする「厳しい様式суровый стиль」)のレッテルを貼られることはあっても，いまでも高い人気を誇るものの代名詞といえる「印象派」と呼ばれることはないだろう。

たしかにロシャコフは，公式的な表現様式に従った体制的な画家ではあった。ソ連美術家同盟の理事会で若手を代表して書記をつとめた経歴もある。ソ連美術家同盟の月刊誌『創造 Творчество』やソ連画家・彫刻家同盟の機関誌『芸術 Искусство』のために執筆した展覧会評では，画家の技術的な側面を強調したり，社会主義国の間で画家が協力することの重要性を指摘したりしている。シコタン・グループのメンバーもロシャコフに倣い，やや古くさい作風を示していると言わざるをえないかもしれな

第8期展示「知られざるクリル・カムチャツカ」

い。しかしながらロシア・アヴァンギャルドや，モスクワ・コンセプチュアリズムをはじめとする反体制・非公式芸術が美術史の言説において常に取り上げられる一方で，ロシャコフなどソ連時代の多くの芸術家の仕事が忘れ去られてしまうのは大変惜しい。政治体制は変わったが，彼らが描いてきた「生活の真実」は，いまでも新鮮な魅力を放っているように思われる。そしてシコタン・グループの風景画は，係争地を描き出していることにまったく無自覚であるだけになおさら，境界がいかに表象されうるのかを考える上で，重要なきっかけを与えてくれるのではないだろうか。

第 7 章　先住民という視座からの眺め

　先住民と呼ばれる人々は，世界の様々な地域に居住し，それぞれの先住民を取り巻く状況は多様である。本グローバル COE プログラムでは，先住民と境界に関わる展示を 2 度実施した。

　1 度目は，2010 年 11 月から 2011 年 5 月まで実施された第 4 期展示「先住民と国境」である。本展示は，会期を前半と後半に分けて実施された。前半では，北米先住民ヤキの事例から地理的な国境に関するトピックを取り上げ，後半ではアイヌの事例から，概念的な境界に関するトピックを取り上げた。

　2 度目は，2012 年 5 月から 12 月まで実施された第 7 期展示「北極圏のコミュニケーション─境界を越えるサーミ」である。本展示は，フィンランドを中心に北欧の国境を越えて生活するサーミの暮らしぶりと国境との関わりを中心に取り上げた。

　これら先住民に関わる展示が取り上げたトピックは様々であるが，そこで扱われるテーマには共通点も認められる。例えば，ヤキにおける儀礼の場では，アイヌと共通した境界に関わる実践が認められ，そこでは様々な境界が錯綜している。また，アイヌの伝統的な居住地域の一部は現在ロシアの管轄下にあるが，サーミにおいてもノルウェー，スウェーデン，フィンランド，ロシアと 4 国にまたがって暮らしている現状があり，ここには近代国家間による国境策定と先住民に関わるいくつかの共通点を認めることができる。

　境界研究では，先住民という視座を得ることで鮮明に見えてくる課題も少なくない。さらに境界を意識することで，目の前の風景がいままでとは違って見えてくることもある。これら先住民と境界に関する展示を通して，観覧者が先住民と呼ばれる人々に関心を抱くとともに，一人一人が日常のなかで当然視していた境界に疑問を抱き，その歴史に興味を持ち，自らの内と外の世界を見直す契機となったなら幸いである。なお，本章は展示における再現性を重視し，博物館の展示内容に即して，担当者による解説を掲載する。

「北米先住民族ヤキの世界」の展示風景

『アイヌと境界：pet kamuynomi ─ペッカムイノミ　川の神への祈り─』撮影風景

北極圏のコミュニケーション：境界を越えるサーミ

　サーミは，北欧に住む先住民族である。伝統的居住地は，スカンジナビア半島北部からコラ半島に及ぶが，近代国家の成立により，フィンランド，ノルウェー，スウェーデン，ロシアに分断された。現在，北欧・ロシア全体で約7万人が暮らすと推計されている。各国に組み込まれるなかで，サーミの人々は，文化的・経済的に差別されるとともに，各国の多数派の文化へ同化されることを強いられてきた。

　この展示では，とくにフィンランドのサーミ（約9000人が暮らすとされる）に焦点をあてて，歴史や生活文化を紹介した。また，どのようにサーミの言語，生活文化を維持・継承し，国境により分断されたサーミのネットワークを取り戻そうとしているのか，サーミの人々とフィンランドを含む北欧諸国の取り組みを紹介することとした。フィンランドセンター北海道支部マルティナ・テュリセヴァ所長（機関・所属とも当時）が主担当となった企画である。

　マルティナ氏と相談をしながら決定した全体的な展示プランは，以下の通りであった。展示ブース中央に伝統的住居であるラーヴ（トナカイ皮製のテント）を配し，向かって右側のブースに，サーミ各集団で異なる伝統的民族衣装，シャーマンが使用する太鼓，橇，トナカイ剥製などを展示した。またシーダ博物館提供のかつてのトナカイ放牧映像資料，トナカイの伝統的放牧の解説パネル，伝統的宗教観の解説パネルなども展示した。対して左側のブースには，北欧3カ国にまたがりサーミの独立意思決定機関であるサーミ議会，同じく国境を越えたサーミ語放送機関であるサーミラジオ，サーミの伝統技術の養成専門機関であるサーミ教育センターのそれぞれの成り立ち，活動の解説パネルを置き，各機関提供の紹介パンフレット，サーミラジオで実際放映している映像を展示した。また伝統手工芸品のサーミの独自ブランドである「ドゥオッジ」の商品や，現在

展示ブース
手前はサーミの伝統的衣装（エノンテキオ・サーミ）

中央サーミの伝統的テント・ラーヴ
ラーヴの向こう側が現代サーミの活動を伝えるブース
（道立北方民族博物館所蔵）

第 7 章　先住民という視座からの眺め　91

サーミの伝統的民族衣装
イナリ・サーミ（左）とスコルト・サーミ（右）
（道立北方民族博物館所蔵）

もトナカイ放牧で暮らすスコルト・サーミの生活を彼の仕事着とともに写真パネルで紹介した。つまり中央のラーヴを挟んで右側を「過去（20世紀初頭以前を想定）」，左側を「現在」と見立てたものであった。

　このときの展示動線は，右側から左側のブースへ抜けるものであった。中央のラーヴが，円錐形の背面を縦に割った状態に立て，内部に鉄鍋とラーヴ内での生活映像を流しており，かつての生活の再現を意図したものである。来館者が，動線通りに観覧すれば，伝統的な価値観，生活のあり方を観覧し，中央のラーヴ背面を通って，現在の活動をたどる設計となっている。

　また「過去」ブースの結界は白樺の木を用い，北欧の四季を背景に入れた一種のジオラマを意識した展示設置とした。またサーミ博物館提供のヨイクと呼ばれる伝統歌を「過去」ブースで，一方「現代」ブースでは，サーミラジオ提供のサーミ語版「ランバダ」を流した。「過去」ブースと「現代」ブースとでは，前者に LED 蛍光灯，後者に LED 昼白色灯を用いており，展示空間の雰囲気全体を「過去」と「現在」のブースで明瞭に差が現れるようにした。

　ところで，「過去」ブースに展示した「伝統」資料は，それほど年代の古い資料ではない。サーミ教育センターのような伝統工芸育成機関やドゥオッジのようなブランド戦略が功を奏して製作技術が残っている現代の資料である。祭事には着用するといっ

サーミの太鼓（道立北方民族博物館所蔵）

た彼らの生活に根付いていることも大きい。このような現在に息づく伝統は，現在のトナカイ放牧者パネルでも解説している。本来の資料の帰属時期を違えて，サーミの伝統生活を紹介した点は問題を有しているものともいえるだろう。

　過去と現在の差異を強調した設計の理由は，あまりサーミに馴染みのない地域での展示ということもあり，どのような伝統と生活を営んでいた人々が，国境という「境界」の発生によって，その伝統文化・生活が改変されたのか，そしていまに至るまでどのような努力のもとで，自らの文化・言語の保存・復興へ取り組む「今」があるのか，という過程を提示するためであった。

　幸い展示期間中には，シーダ博物館館長やスコルト・サーミ協議会長をお招きして，これまでのサーミの取り組みや現在生活に残る伝統のあり方，課題を講演いただいた。また北欧の短編映画を日本で上映し，当地の文化の普及につとめている NPO 団体スノーコレクティブに協力いただき，サーミ自身による短編映画セミナーも毎月 1 回開催することができた。上映作品は，伝統と現代アートが融合したもの，トナカイレースの現状や，様々な伝統を継承す

◆サーミの境界と言語

　サーミの集団は、使用するサーミ語によって9つに分けられている。それぞれのサーミ語は近い関係にあるが、相互に理解することは難しいとされる。

　サーミ語の境界と近代の国境はほとんど一致していない。

　フィンランドには現在、約8700人のサーミがいる。そのうち1778人がサーミ語の母語話者である(2008年の統計)。

　フィンランドでは、北サーミ語、イナリ・サーミ語、スコルト・サーミ語の3つが話されている。

　北サーミ語は、サーミ語の中で最も広く話されており、フィンランド北部、スウェーデン、ノルウェーに暮らすサーミの80％が話している。

　イナリ・サーミ語は、イナリ地域のみで話されている。話者人口は約300人である。イナリでは、フィンランド語と3つのサーミ語が公用語となっている。

　スコルト・サーミ語話者は約300人で、主にイナリに暮らすが、ロシアにも話者がいる。

　イナリ・サーミ語、スコルト・サーミ語とも少数派であり、加えて高齢化や都市への人口流出で話者は減少している。そのため、1990年代から「ランゲージネスト」によって、言語の保存、普及に努めている。

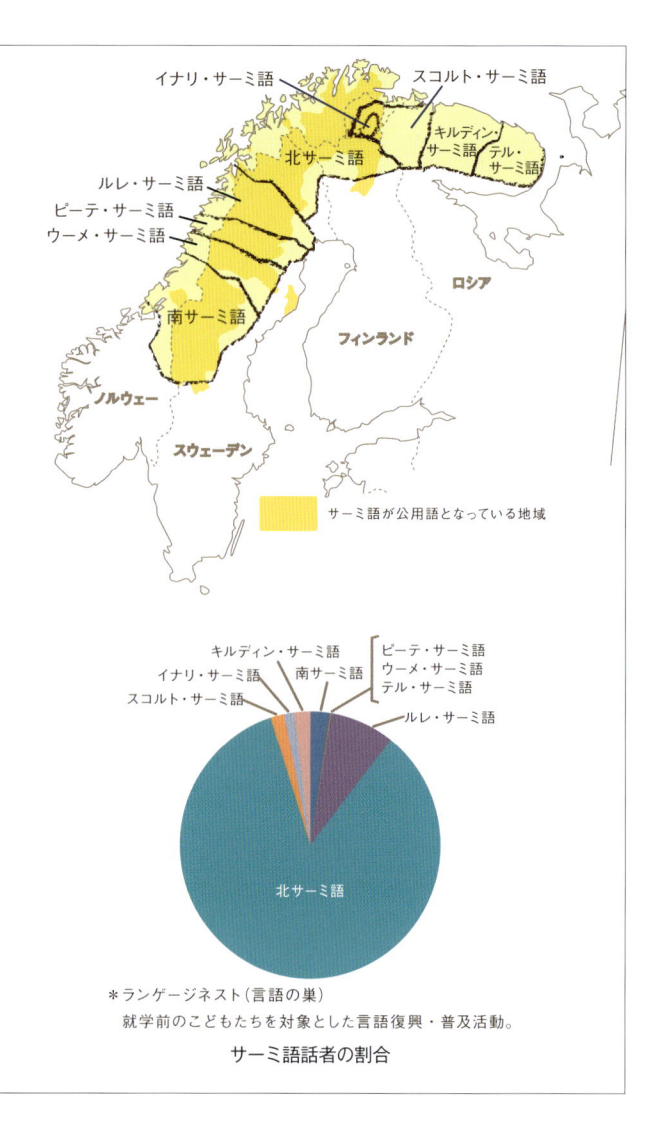

＊ランゲージネスト(言語の巣)
就学前のこどもたちを対象とした言語復興・普及活動。

サーミ語話者の割合

る際の課題を扱ったドキュメンタリーなど，いずれもサーミの現在を伝える貴重な資料だった。今回の展示およびセミナーを通じて，サーミの「今」の一端を紹介できたのではと考えている。

北米先住民ヤキの世界

　北米大陸の先住民であるヤキが歴史的に居住してきた領土は，現在の米国・メキシコ国境によって分断されている。この展示では，国境の両側で5万人程度の先住民族であるヤキの歴史や文化が，国境との関連性のなかで発展してきた点を紹介した。

　米国領土内に住んでいるヤキによって構成されている集団は，「パスクア・ヤキ・トライブ」と呼ばれている。トライブを運営するトライブ政府は，米国政府の管轄下にありながらも，独自の司法，立法，行政機関を持ち，一定の自決権を持っている。4年に1度のトライブ選挙での直接投票によって議員が選出され，トライブの政治や経済に関する中心的な決定を行っている。今回の企画の内容は，トライブ政府とも話し合いを重ねて了解を得たものであり，開催にあたってはトライブ長から直接お祝いのメッセージをいただいた。また，トライブ政府の一組織である言語文化庁，保留地内で博物館を運営する非

営利組織であるヨエメン・テキア財団，そしてヨエメ芸術家協会から，会場で使用する資料をご提供いただいた。これらの資料には，ヤキ語の音声資料や現在の保留地の様子を示す写真が含まれており，米国におけるヤキ文化や社会の現状を観覧者に伝える一助となった。

展示ブースの正面には，トゥーソン市の風景を拡大した写真を転写したスクリーンを設置した。国境に隣接するアリゾナ州で第2の都市であるトゥーソンの一角に，パスクア・ヤキ・トライブ保留地は位置している。国境から車で1時間足らずの場所にあるトゥーソンには，メキシコ人労働者が移住するだけでなく，メキシコからの日帰り買い物客が多く訪れる。駐車場に並ぶ車の半分は，メキシコナンバーである。さらに，砂漠が国境を越えて地平線まで広がる様子を見ると，かつて北米大陸は国境で分断されていなかった事実が現実味を帯びて感じられる。また，市内にはヤキの他にトオノ・オータムという先住民も居住しており，小規模な都市でありながらも多彩な文化が展開している。

天井にはヤキの伝統工芸のひとつである紙製の花

トライブからの祝辞（左）と民族の旗（右上）

ヤキの仮面

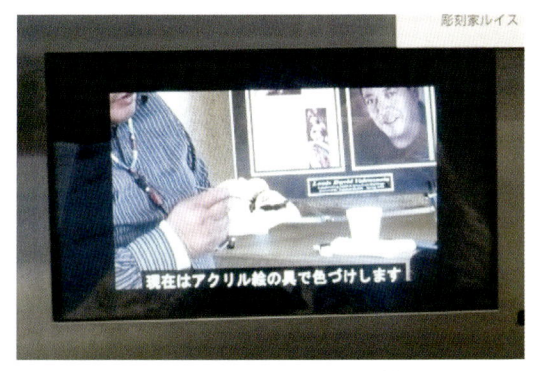

会場で放映された仮面製作の映像

儀礼場の天井を模した天幕

様々な形の紙製の花

を転写したスクリーンを設置し，儀礼場の雰囲気を出した上で，中央に儀礼に用いられる木製の仮面を展示した。ヤキ文化の中核をなすのは，鹿の頭の剝製を被って舞う鹿の踊りと，展示した仮面を着けて舞う仮面の踊りである。仮面自体は人の顔位の大きさであるものの，馬の尾の毛で作られた長い眉毛やひげが付いており，黒と白を基調としたコントラストが大変鮮やかであることから，会場では大きな存在感を放っていた。仮面の他にも，踊り手が身に着けるロザリオやスカーフ，踊りの音楽に用いられる水太鼓，女性がまとう装束が展示され，観覧者は一見殺風景な砂漠に息づく色鮮やかなヤキ文化に驚いていた。

　1854年に米国・メキシコ間の国境線の位置が確定すると，砂漠の地で豊かな文化を育んできたヤキの人々は，自由に家族や友人を訪ね合って儀礼を執り行うことができなくなった。さらに，彼らの土地や資源，労働力を狙って，国家が主導するヤキの虐殺が20世紀に入っても繰り返された。メキシコ側から虐殺を逃れるために国境を越え，米国領土内のヤキと合流した人々は，1978年まで数十年間も難民化したままであった。ヤキ独自の言語や文化は，このような虐殺や迫害の歴史，そして国境線による民族の分断を越えて保たれているのである。ヤキの複雑な歴史や文化をたった一度の展示で伝えきることは難しい。しかし，この展示を通じて，時に国境に翻弄され，そして時には国境線を利用しながら生き延びてきたヤキの人々のたくましさ，そしてヤキ文化の美しさを，観覧者に感じてもらえたならば幸いである。

アイヌと境界

　境界研究（ボーダースタディーズ）は，地理的な境界いわゆる「国境」のみならず，様々な「境界」をその研究射程に入れている。よって本展示では，地理的な境界ではない概念的な「境界」に注目した。とはいえ，概念的な「境界」という難解なテーマについて明快な答えを提示することは，現時点では不可能である。よって，本展示では，本グローバルCOEプログラムが探求している多種多様な「境界」を考えるための素材を観覧者に提示し，それぞれの観覧者に自ら考えてもらうスタイルの展示を採用した。このような実験的な展示が可能となったのは，大学博物館での展示という場の特性によるところが大きい。また，近年，現代のアイヌ文化に関する博物館展示（表象）のあり方が議論されているが，本展示は，それに対する現時点におけるひとつの試案ともいえる。

　本展示の中心は，『アイヌと境界—*pet kamuynomi* ペッカムイノミ　川の神への祈り—』というタイトルの映像作品である。その内容は，2010年9月10日に財団法人アイヌ民族博物館で実施されたペッカムイノミ（川の神への祈り）と呼ばれる儀礼に参加した4人の1日の様子を，4台のビデオカメラで同時進行的に追うものとなっている。ペッカムイノミとは，漁期の始まる前に，カムイチェプ（サケ）が無事に遡上し，豊漁となることを祈願するアイヌの儀礼のことである。

　映像作品のコンセプトおよび撮影総括は，山崎幸治と北原次郎太（ともに北大アイヌ・先住民研究センター）が担当した。作品では，4人の儀礼参加者（被写体）が，それぞれの日常生活から儀礼の場に参集し，また，それぞれの日常生活へと戻っていく様子が映し出される。そこには「日々の暮らし／伝統

映像作品『アイヌと境界—*pet kamuynomi*　ペッカムイノミ　川の神への祈り—』の1シーン

文化」「現在／過去」「日常／非日常」「職場／家庭」「カメラマン／被写体」「アイヌ／和人」「録画ボタンのオン／オフ」「正装／普段着」など多種多様な「境界」を見出すことができる。そして、それらの「境界」が、重なり、交差し、もつれ合い、解け合うような感覚を視聴者に抱かせ、複数の解釈が可能な作品となっている。またクレジットが流れるエンドロールにNGシーンを中心とした映像を付し、本作品が創られたものであることを印象付ける。この映像作品自体も、現実との間に「境界」を生み出しているのである。

本映像作品は、儀礼参加者（被写体）とカメラマンがペアとなって撮影された。展示では、それに対応するように4ペア（8人）の等身大写真のタペストリーとともに、全員の撮影当日の声（感想）をパネルとして展示した。観覧者は、それぞれ異なるポジションから発せられるコメントを読み比べることで、複数の「境界」の存在を意識化することが可能となる。

また、実物資料として、儀礼参加者（被写体）の一人が儀礼の際に着用していた衣服を展示した。そこでは普段着のTシャツと綿パンツの上に、伝統的な晴着を重ね着するという当日の服装を再現した。ここにも「正装／普段着」「日々の暮らし／伝統文化」など複数の「境界」を見出すことができる。

ペッカムイノミの様子（白老町、ウヨロ川にて）

儀礼参加者（被写体）とカメラマン

撮影当日に着用された衣服と小型モニタ

儀礼用具と祭壇（白老町、ウヨロ川にて）

また，撮影に使用したビデオカメラも展示した。ビデオカメラには電源が入っており，そのレンズは前述の衣服の展示を観ている観覧者を背後からとらえ，外部出力ケーブルによって衣服の展示ケース横に置かれた小型モニタに「アイヌと境界展を観覧する人(びと)」というキャプションとともに映し出される仕掛けとなっている。これにより観覧者は，自らの後ろ姿が展示の一部となっていることに気づかされるのである。

　この他にも展示会場に面した通路に，レンチキュラーパネルと呼ばれる特殊技術で印刷された写真パネルも展示した。写真パネルには，3人のモデルが写っており，3人の「伝統的な晴着姿」と「普段の洋服姿」が見る角度によって交互に入れ替わって見えるようになっている。

　本展示コンセプトを練る段階において，まず検討されたことは，博物館表象レベルにおけるアイヌ文化の「過去と現代」の「境界」を壊す試みであった。しかし，展示を準備するなかで，「過去と現代」の「境界」だけでなく，当初意図しなかった多様で複数の「境界」が立ち現れてきた。本展示が着目した「アイヌ」も一つの「境界」を生み出すが，その内部にも複数の「境界」が存在した。また状況に応じて，それ以外の「境界」が立ち現れ，錯綜し，「アイヌ」という「境界」は展示会場のなかにおいても唯一の存在とはなりえなかった。この動態こそが，本展示が観覧者へ投げかけた問いであった。

屋内でのカムイノミの様子
（白老町，財団法人アイヌ民族博物館にて）

おわりに　ミュージアムの現場から

　本書は，2009年から開始した文部科学省グローバルCOEプログラム「境界研究の拠点形成：スラブ・ユーラシアと世界」で行った展示から，その一部を企画担当者の先生方にお願いしてまとめた構成を取っている。

　このプログラムでは，北海道大学内で，「境界」に関する研究・教育活動を推進することに加えて，その成果を広く社会に還元することを目的としている。そのひとつの手段が，北海道大学総合博物館2階に設置されたグローバルCOE展示ブースで行う境界研究に関する企画展示であった。

　博物館の役割には，資料の収集・保管，様々な調査・研究，そして展示などを通じた教育，普及活動がある。北海道大学総合博物館もまた，「北海道大学で展開されている学術研究・教育の成果，進捗状況を伝え」る，ことを目的としている。このプログラムでの展示活動は，「境界研究」という括りがあるものの，北海道大学の人文社会科学系の調査研究活動の一端を紹介するもので，北海道大学全体の取り組みになっていたといえるのではないだろうか。またこのプログラムは，研究と教育の推進拠点を創出するためのものであった。教育といえば，一般に講義などをイメージされる方も多いと想像するが，展示もまた博物館が行う教育普及活動の実践形式である。これまで行ってきた博物館での活動もまた，プログラムの教育拠点，成果発信の拠点として機能しえたであろうと思う。

　さてこのプログラムの「境界研究」は，2つの側面からなっている。1つ目は，境界をめぐるまさに今現在の政治問題や経済問題，その歴史に焦点をあてて検討する方法である。2つ目は，境界が形成，解体される過程で，そこに住む人々にどのような心理的影響を与えるのかを検討する方法である。研究対

図1　グローバルCOE「境界研究の拠点形成：スラブ・ユーラシアと世界」博物館展示一覧
＊《　》内は，会期中の北海道大学総合博物館来場者数

図2　稚内市北方記念館で行われた巡回展の様子

象となる地域・時代も多岐にわたることとなり，様々な領域の専門家から構成されるプログラムとなっていた。

　この多様な研究内容を反映して，成果展示もおよそ半年に一度，変更してきた。ロシア，旧ソ連を中心としたユーラシア地域，日本の南北周辺地域，中国，北欧，北米の歴史，言語，文学，民族学，政治の過去・現在と幅の広い領域を対象としたものとなっている(図1)。

　展示に際しては，企画担当者の先生方の所蔵資料や関係する方々，諸機関所蔵資料を借用して構成しており，多くの方々のご協力を得て，多種多様な資料を展示することができた。私とともに博物館関連事業を担当した宇佐見祥子技術補助員は，展示期間中の資料管理とともに，企画案と展示資料をヒアリングしながら，実際の展示空間や展示パネル，題箋のデザイン，設営を担当していた。展示物が主体となるようにしながら，6.4×5.4 m と狭小な展示空間で，来館者にいかに展示テーマの時代，地域を感じてもらうかを意識してデザインを行ってきた。展示手法としては，パノラマ展示やビジュアル展示を志向した設計としていた。プログラムの展示シリーズを通しでご覧いただいた方から頂戴したご意見を見る限りでは，数カ月に一度ガラリと様変わりする展示ブースの構成は好評を博していたようであった。

　これまでの展示開催期間中は，約40万人の来館者が訪れている(2013年10月末現在)。来館者すべてが，当ブースを目的に見学しているものではない参考値であるが，多くの方々に境界研究をアピールできたものと考えている。また展示期間中にはより展示内容に対する理解を深めてもらう目的で1月に1回を目安に，展示内容に精通した研究者や識者をお招きして展示関連セミナーを実施した(表1)。これまで延べ約3500人の方々に参加いただいており，様々なテーマをご紹介することができている。

　また展示の一部については，北海道大学内だけの展示で終わらず，北海道内をはじめ，東京，大阪，九州，沖縄で巡回展示を実施しており，より多くの人々に境界問題を知ってもらう機会を設けることもできた(表2)。

　境界に関する様々な問題は，私たちの身近にある。しかし実際には，国境地域に住む人々，歴史過程で分断を余儀なくされた家族・集団，国のなかでの「マイノリティ」(先住民，無国籍者，在留外国人……)など，政治的・経済的・心理的問題の渦中にある当事者でなければ，なかなか実感できない問題でもある。博物館展示は，本やテレビ，インターネットなどのメディアを通じて得る情報とは異なり，実際の資料を見ながら，聞く，(場合によっては)触れる，嗅ぐ，感じる，といった実感をもって対象への理解を深めることを大きな特徴とする。今回実施した境界研究の展示から，身近でありながらも遠い「境界問題」を体感する機会を持ってもらえていれば幸いである。

　私はいずれもプログラム遂行のお手伝いの役割である。今回の博物館展示，セミナー，移動展は，いずれも諸先生方，諸機関のご協力によって実施できたものである。2009年からの5年間でご協力いただいた方，お世話になった方は膨大であり，皆様のご芳名を書き記すことはできないが，お忙しいなか，展示に携わっていただいた先生方，資料借用させていただいた諸機関，諸氏，ご講演いただいた先生方，移動展示を快く承諾いただいた諸機関の方々には，心よりお礼申し上げます。

表1 博物館展示関連セミナー一覧

セミナー	実施日	参加者数
第1期展示 『ユーラシア国境の旅』 関連セミナー		
「ボーダースタディーズと『北の国境』」 　　講師：岩下明裕（北海道大学）	2009年10月3日（土）	80
第2期展示 『知られざる北の国境―北緯50度線の記憶』 関連セミナー		
「日本国境地帯としての千島・根室」 　　講師：黒岩幸子（岩手県立大学）	2009年11月7日（土）	95
「密漁の海を超えて」 　　講師：本田良一（北海道新聞社）	2009年12月5日（土）	100
「北緯50度線の証言者―樺太日露国境標石の物語」 　　講師：相原秀起（北海道新聞社）	2010年1月31日（日）	115
「浮遊する樺太」　　講師：工藤信彦（社団法人全国樺太連盟）	2010年2月6日（土）	145
「命をかけた画家・香月泰男」 　　講師：坂倉秀典（香月泰男美術館元館長）	2010年2月7日（日）	45
「日本とロシア―敵かパートナーか」 　　講師：荒井信雄（北海道大学）	2010年3月6日（土）	120
「北の海と自然」 　　講師：近藤憲久（根室市自然と歴史の資料館）	2010年4月17日（土）	80
第3期 『海疆ユーラシア―南西日本の境界』 関連セミナー		
「八重山に息づく台湾―境域に暮らす」 　　講師：松田良孝（八重山毎日新聞）	2010年5月15日（土）	100
「八丈島の兄弟―小笠原諸島と開拓110周年を迎えた南北大東島」 　　講師：山上博信（日本島嶼学会）	2010年6月19日（土）	80
「無国籍を生きる」 　　講師：陳　天璽（国立民族学博物館）	2010年7月17日（土）	70
「緊張と交流の海峡―九州から見る朝鮮半島」 　　講師：出水　薫（九州大学）	2010年8月22日（土）	70
「海峡あれど国境なし」 　　講師：松原孝俊（九州大学）	2010年9月18日（土）	70
「済州島から与那国島へ―500年前の漂流と辺境の民の記憶力」 　　講師：安渓遊地（山口県立大学）	2010年10月16日（土）	80
第4期展示 『先住民と国境』 関連セミナー		
「インディアンの土地における事業―ビジネスを通じた機会の創造」 　　講師：ビル・キロガ（ネイティブ・アメリカン・ボタニクス社）	2010年11月20日（土）	60
「追憶のヤキ儀礼―聖なる空間，女性の労働，死者のための2つの儀式における文化的持続性」 　　講師：カースティン・エリクソン（アーカンソー大学）	2011年2月11日（土）	60
「アイヌと境界―樺太アイヌの歴史と経験」 　　講師：田村将人（北海道開拓記念館），楢木貴美子	2011年2月19日（土）	120
第5期展示 『言葉は境界を超えて―ロシア・東欧作家の作品と世界』 関連セミナー		
「ロシア文学と境界」 　　講師：望月哲男（北海道大学）	2011年5月21日（土）	80
「詩人ゲンナジー・アイギと言語の境界」 　　講師：アトネル・フザンガイ（チュヴァシ国立人文科学研究所）	2011年5月21日（土）	50
「ナボコフとジャンル越境」 　　講師：若島　正（京都大学）	2011年5月21日（土）	70
「ハイドンの境界性」 　　講師：伊東信宏（大阪大学）演奏：宮本佳代子（ヴァイオリン）前田有紀（チェンバロ）	2011年6月25日（土）	130
「ポーランド移民と越境」 　　講師：井上暁子（北海道大学）	2011年9月17日（土）	40
「カフカとプラハ―言語と民族の境界を生きる」 　　講師：三谷研爾（大阪大学）	2011年10月15日（土）	50
「旧ユーゴ圏内における境界を巡る記憶の語り」 　　講師：亀田真澄（日本学術振興会特別研究員）	2011年11月19日（土）	70
第6期展示 『越境するイメージ―メディアにうつる中国』 関連セミナー		
「中国プロパガンダ・ポスターの世界」 　　講師：武田雅哉（北海道大学）	2011年12月17日（土）	120

セミナー	実 施 日	参加者数
「中国怪獣総進撃―メディアの中の怪獣文化」 　　　講師：中根研一（北海学園大学）	2012年1月21日（土）	100
「越境する中国のメディア」 　　　講師：渡辺浩平（北海道大学）	2012年2月18日（土）	110
「現代小説の中の中国女性たちの彼方」 　　　講師：泉　京鹿（中国文学翻訳家）	2012年3月24日（土）	80
「京劇のなかの女性像―悪女と聖女，イメージと役柄の変遷」 　　　講師：田村容子（福井大学）	2012年4月21日（土）	80
第7期展示『北極圏のコミュニケーション―境界を越えるサーミ』関連セミナー		
「フィンランドにおけるサーミ文化の現在」 　　　講師：タルモ・ヨンパネン（シーダ博物館）	2012年5月26日（土）	70
サーミ　フィルム　シアター　第1回 　　　上映作品　「サーミ・ニエイダ・ヨイク」	2012年6月3日（日）	12
「サーミとアイヌの交流：1980's 幕開けとその意義」 　　　講師：井口光雄（北海道フィンランド協会），中村　齋（アイヌ民族博物館）	2012年6月16日（土）	40
サーミ　フィルム　シアター　第2回 　　　上映作品　「顔」「あるサーミ人とその体」他短編4本,「アート・イン・ザ・フォレストランド」	2012年7月1日（日）	15
サーミ　フィルム　シアター　第3回 　　　上映作品　「ロカビリー」「ツンドラの陰に誰かがいるよって風がささやいている」「一番難しいのは愛」	2012年8月5日（日）	12
「映像を通じてみるサーミの文化(1)」 　　　講師：橋本晴子（スノーコレクティブ代表）	2012年8月18日（土）	60
サーミ　フィルム　シアター　第4回 　　　上映作品　「風の中の叫び」	2012年9月2日（日）	20
「スコルト・サーミが抱える政治・教育の課題と挑戦」 　　　講師：ヴェイコ・フョードルフ（スコルト・サーミ評議会）	2012年9月15日（土）	50
サーミ　フィルム　シアター　第5回 　　　「コルトループ」など	2012年10月7日（日）	22
「サーミの方々との交流を通じて」 　　　講師：川上将史（(財)アイヌ文化振興・研究推進機構）	2012年10月20日（土）	40
サーミ　フィルム　シアター　第6回 　　　「サーミランドにやって来たフィンランド人」	2012年11月4日（日）	25
「映像を通じてみるサーミの文化(2)」 　　　講師：橋本晴子（スノーコレクティブ代表）	2012年11月17日（土）	40
サーミ　フィルム　シアター　第7回 　　　「レインディア・プリンセス」「一番難しいのは愛」	2012年12月2日（日）	25
「境界を越えた学術・文化交流を創出する場としてのサーミ展示」 　　　講師：マルティナ・テュリセヴァ	2012年12月15日（土）	60
第8期展示『知られざるクリル・カムチャツカ―ロシアから見た境界のイメージ』関連セミナー		
「旅する画家たち―ロシアと日本の境界の風景」 　　　講師：ナタリア・キリューヒナ（ロシア芸術家同盟サハリン支部）	2013年1月26日（土）	25
「カムチャツカ・北千島の自然と人々」 　　　講師：ビクトル・オクルーギン（ロシア科学アカデミー極東支部火山地震研究所）	2013年2月16日（土）	100
「境界のイメージ―シコタン・グループの活動について」 　　　講師：谷古宇尚（北海道大学）	2013年4月20日（土）	80
「近くて遠いクリル―カムチャツカ―地質と鉱物・エネルギー資源の現在と未来」 　　　講師：松枝大治（北海道大学）	2013年5月18日（土）	70
第9期展示『境界研究　日本のパイオニアたち』関連セミナー		
「鯔（はららご）の島よ―『樺太』を問うて」 　　　講師：工藤信彦（社団法人全国樺太連盟）	2013年6月15日（土）	110
「香月泰男　あたたかなまなざし」 　　　講師：矢吹俊男（倶知安町小川原修記念美術館）	2013年7月20日（土）	50
「宮本常一と歩く国境の島じま」 　　　講師：安渓遊地（山口県立大学），安渓貴子（山口大学）	2013年9月21日（土）	70
「秋野豊の残したもの―ユーラシアを駆けぬけた政治学者のメッセージ」 　　　講師：伊藤庄一（日本エネルギー経済研究所）	2013年10月19日（土）	80
参加者数合計		**3476**

表2　巡回展示一覧

『知られざる北の国境「樺太と千島」』展
　　釧路市立博物館　2010年9月29日～10月11日
『知られざる北の国境「樺太と千島」』展
　　九州大学中央図書館3階　2010年10月22日～11月4日
『知られざる日本の国境』展
　　対馬市交流センター3階展示ホール　2010年11月9日～14日
『知られざる日本の国境』展
　　上対馬総合センター1階ロビー　2010年11月16日～11月23日
『知られざる日本の国境』展
　　沖縄県立博物館・美術館　1階県民ギャラリー3　2010年12月21日～12月26日
『樺太日露国境標石と樺太絵葉書』展
　　函館中央図書館展示ブース　2011年1月20日～2月15日
『樺太―知られざる北の国境』展〈以下を巡回〉
　　オホーツクミュージアムえさし　2010年7月16日～8月31日
　　浜頓別町役場1階ロビー　2010年9月5日～9月30日
『樺太―知られざる北の国境』展〈以下を巡回〉
　　稚内市北方記念館　2010年8月6日～8月28日
　　利尻町立博物館　2010年9月1日～9月30日
　　利尻富士町カルチャーセンター　2010年9月27日～10月23日
　　ぴすか21（礼文町）　2010年10月27日～11月23日
『樺太展　知られざる北の国境―北緯50度の記憶』展
　　士別市立博物館　2010年10月6日～11月6日
『北米先住民ヤキの世界』展
　　早稲田ギャラリー（早稲田大学）　2012年1月30日～2月18日
『樺太―知られざる北の国境』〈以下を巡回〉
　　天塩川歴史資料館　2012年5月1日～5月13日
　　美深町文化会館COM100　2012年5月16日～5月31日
　　剣淵町資料館　2012年6月2日～6月11日
　　名寄市北国博物館　2012年6月15日～7月15日
　　士別市立博物館　2012年8月8日～8月22日
　　富良野市博物館　2012年9月15日～10月14日
　　旭川兵村記念館　2012年10月18日～10月31日
　　旭川市博物館　2013年2月2日～2月24日
　　増毛町総合交流促進施設元陣屋　2013年3月8日～3月24日

【資料出品】
第23回秋季特別展示『千島・樺太・北海道アイヌのくらし―ドイツコレクションを中心に』展
　　国立民族学博物館　2011年10月6日～12月6日（「先住民と国境　アイヌと境界」展示資料一式出品）

図版出典一覧

第1章 ユーラシア国境の旅
3頁左　住民移動 1944-1948 年　P. M. Magocsi, *Historical Atlas of East Central Europe*, Seatle/London: University of Washington Press, 1993, p. 165

6頁左　アブハジア地図　北川誠一「アブハジア歴史人口統計論争」木村喜博編『現代中央アジアの社会変容』東北大学学際科学研究センター，1999 年より抜粋

8頁左　パキスタンが支配するカシミールと「支配線」　Jasjit Singh (ed.), *Kargil 1999: Pakistan's Fourth War for Kashmir*, Knowledge World, New Delhi, 1999, p. 19

　右上　東部係争地域　Sarvepalli Gopal, *Jawaharlal Nehru: A Biography, Volume Three 1956-1964*, Oxford University Press, Delhi, 1984, p. 140

　右下　中部係争地域　Sarvepalli Gopal, *Jawaharlal Nehru: A Biography, Volume Three 1956-1964*, Oxford University Press, Delhi, 1984, p. 137

9頁上　西部係争地域　Sarvepalli Gopal, *Jawaharlal Nehru: A Biography, Volume Three 1956-1964*, Oxford University Press, Delhi, 1984, p. 135

10頁上　19世紀初頭の中央アジア　『中央ユーラシアを知る事典』平凡社，2005 年より一部改変

　中　帝政ロシア統治下の中央アジア　『中央ユーラシアを知る事典』平凡社，2005 年をもとに作成

　下　民族・共和国境界画定　『中央ユーラシアを知る事典』平凡社，2005 年より一部改変

第3章 海疆ユーラシアと日本
34頁右上　難航する国境標石の設置作業　『樺太國境劃定事蹟寫眞帖』樺太敷香・遠藤寫眞館，1906 年(明治39 年)

　右下　設置作業のひとコマ　『樺太國境劃定事蹟寫眞帖』樺太敷香・遠藤寫眞館，1906 年(明治39 年)

35頁右中　標石絵葉書　日露両国代表　『樺太國境劃定事蹟寫眞帖』樺太敷香・遠藤寫眞館，1906 年(明治39 年)

第4章 海を越える人々
49頁右　与那国の記憶　与那国町史編纂委員会『与那国町史別巻Ⅰ』1997 年

50頁左　台湾合同鳳梨株式会社の缶詰製造ラインに並ぶ年少の職工たち　「内海忠司関係文書」近藤正己・北村嘉恵・駒込武編著『内海忠司日記 1928-1939：帝国日本の官僚と植民地台湾』京都大学学術出版会，2012 年

第5章 揺れる境界
67頁　ウンドラ・ウィソホルスキ(1939 年)　Jiří Marvan (ed.), *Bard swojeho ludu/Euro-lašsky poeta Óndra Lysohorsky*, Ostrava: Krajský úřad, 2009, p. 145 より

68頁　チェコスロヴァキアとポーランドの方言分布　Kevin Hannan, *Borders of Language and Identity in Teschen Silesia*, New York: Peter Lang, 1996, p. 84 を一部変更

69頁　20世紀初頭のプラハとカフカの足跡　クラウス・ヴァーゲンバッハ著，須藤正美訳『カフカのプラハ』水声社，2003 年，見返し地図を元に作成

第6章 ポスターと絵画を読む
86頁左　図1　シコタン・グループの画家たち　Владимир Рачёв, кат. выст., Владивосток: Portmay, 2005

87頁右　図4　ユーリー・ヴォルコフ《色丹島の女の子》　О. Батиевская и др., *Приморская картинная галерея: Владивосток*, Москва: Белый Город, 2006, С. 59

参考文献

序
岩下明裕編『日本の「国境問題」：現場から考える』別冊『環』19，2012 年
『国際政治』162（ボーダースタディーズの胎動），2010 年

第 1 章　ユーラシア国境の旅
岩下明裕編『国境・誰がこの線を引いたのか：日本とユーラシア』北海道大学出版会，2006 年
北川誠一・前田弘毅・廣瀬陽子・吉村貴之編『コーカサスを知るための 60 章』明石書店，2006 年
小松久男編『中央ユーラシア史』山川出版社，2000 年
『中央ユーラシアを知る事典』平凡社，2005 年
岩下明裕『中・ロ国境 4000 キロ』角川選書，2003 年
岩下明裕『北方領土問題：4 でも 0 でも 2 でもなく』中公新書，2005 年

第 2 章　国境をゲートウェイにする
秋野豊『世界は大転回する』講談社，1990 年
秋野豊『欧州新地図を読む』時事通信社，1990 年
秋野豊『ゴルバチョフの 2500 日』講談社現代新書，1992 年
秋野豊『偽りの同盟：チャーチルとスターリンの間』勁草書房，1998 年
秋野豊『ユーラシアの世紀：民族の争乱と新たな国際システムの出現』日本経済新聞社，2000 年
アナトーリイ・プリスターフキン（三浦みどり訳）『コーカサスの金色の雲』群像社，1995 年

第 3 章　海疆ユーラシアと日本
岩下明裕編『日本の国境・いかにこの「呪縛」を解くか』北海道大学出版会，2010 年
田村勝正『樺太島・日露国境標石の研究』（自費出版），2012 年
工藤信彦『わが内なる樺太』石風社，2008 年
工藤信彦『詩集　樺太へ』（自費出版），2012 年
神沢利子『流れのほとり』福音館文庫，2003 年
ダニエル・ロング・稲葉慎『小笠原ハンドブック：歴史，文化，海の生物，陸の生物』南方新社，2004 年
ダニエル・ロング『小笠原学ことはじめ』南方新社，2002 年
奥平一『大東島の歩みと暮らし：北大東島を中心に』ニライ社，2003 年
東和明・中井精一・ダニエル・ロング編『南大東島の人と自然』南方新社，2009 年
与那国町史編纂委員会事務局編『交響する島宇宙：日本最西端　どぅなんちまの地名と風土』2002 年
仁位孝雄『観光ガイドブック　対馬』杉屋書店，2004 年
永留久恵『対馬国志』「対馬国志」刊行委員会，2010 年

第 4 章　海を越える人々
『鳳梨合同の真相』台湾経済研究所，1936 年
斎藤和栄「鳳梨罐詰の製造方法」『熱帯園芸』6：3，1936 年
林発『沖縄パイン産業史』（私家版），1984 年
高淑媛『経済政策与産業発展：以日治時期台湾鳳梨罐頭業為例』台北・稲郷出版社，2007 年
新井祥穂・永田淳嗣「沖縄・石垣島におけるパインアップル生産の危機と再生」『東京大学人文地理学研究』17，2006 年
安渓遊地・安渓貴子「1477 年の済州島漂流民と与那国島民の交流の記憶」安渓遊地・当山昌直編『奄美沖縄環境史資料集成』南方新社，2011 年
佐野真一『旅する巨人：宮本常一と渋沢敬三』文藝春秋，1996 年

宮本常一『忘れられた日本人』岩波書店，1984 年（初版 1960 年）
宮本常一「かなたの大陸を夢みた島：対馬・五島・種子島にみる離島問題」佐野真一編『宮本常一：旅する民俗学者』河出書房新社，2005 年
宮本常一・安渓遊地『調査されるという迷惑：フィールドに出る前に読んでおく本』みずのわ出版，2008 年

第 5 章　揺れる境界
塩川伸明・小松久男・沼野充義編『ユーラシア世界 2　ディアスポラ論』東京大学出版会，2012 年
松里公孝編『講座スラブ・ユーラシア学 3　ユーラシア：帝国の大陸』講談社，2008 年
井上暁子「わたしの語り，わたしたちの語り：ドイツ連邦共和国において 1980 年代に書かれたポーランド語文学を通して」土屋勝彦編『反響する文学』風媒社，2011 年
Leszek Hermann, *Der Klub der polnischen Wurstmenschen*, Berlin: Ullstein, 2004
Kevin Hannan, *Borders of Language and Identity in Teschen Silesia*, New York: Peter Lang, 1996
阿部賢一『複数形のプラハ』人文書院，2012 年
三谷研爾『世紀転換期のプラハ：モダン都市の空間と文学的表象』三元社，2010 年
CD-R «Поэзия тишины», Национальная библиотека Чувашской Республики, Чебоксары, 2001
Brian Boyd and Robert M. Pyle (eds.), *Nabokov's Butterflies: Unpublished and Uncollected Writings*, Boston: Beacon Press, 2000
秋草俊一郎『ナボコフ　訳すのは「私」：自己翻訳がひらくテクスト』東京大学出版会，2011 年

第 6 章　ポスターと絵画を読む
師永剛・劉瓊雄編『雷鋒 1940-1942』三聯書店，2006 年
渡辺浩平『変わる中国　変わるメディア』講談社，2008 年
武田雅哉『よいこの文化大革命：紅小兵の世界』広済堂出版，2003 年
武田雅哉『〈鬼子〉たちの肖像：中国人が描いた日本人』中公新書，2003 年
立花隆『シベリア鎮魂歌：香月泰男の世界』文藝春秋，2004 年
香月泰男『私のシベリア』三隈町立香月美術館，1994 年
板倉秀典『命をかけた画家：香月泰男の生涯』（私家版），2007 年
『香月泰男：あたたかなまなざし』小河原脩記念美術館他，2004 年
谷古宇尚編著『知られざるクリル・カムチャツカ：ロシアから見た境界のイメージ』（グローバル COE プログラム「境界研究の拠点形成」第 8 期展示図録），北海道大学グローバル COE プログラム「境界研究の拠点形成」，2013 年
北村清彦編著『北方を旅する：人文学でめぐる九日間』北海道大学出版会，2010 年

第 7 章　先住民という視座からの眺め
John Trygve Solbakk, "Tha Sami People –A Handbook" Davvi Girji OS., 2006
葛野浩昭『トナカイの社会誌：北緯 70 度の放牧者たち』河合出版，1990 年
水谷裕佳『先住民パスクア・ヤキの米国編入：越境と認定』（北海道大学アイヌ・先住民研究センター叢書 2）北海道大学出版会，2012 年
Edward H. Spicer, *The Yaquis: A Cultural History*, The University of Arizona Press, 1980
Thomas E. Sheridan and Nancy J. Parezo, *Paths of Life: American Indians of the Southwest and Northern Mexico*, The University of Arizona Press, 1996
山崎幸治・木山克彦・宇佐見祥子編『アイヌと境界：グローバル COE プログラム「境界研究の拠点形成」第 4 期展示』北海道大学グローバル COE プログラム「境界研究の拠点形成」，2011 年
小内透編著『現代アイヌの生活の歩みと意識の変容：2009 年北海道アイヌ民族生活実態調査報告書』北海道大学アイヌ・先住民研究センター，2012 年

展示協力

- 所属・肩書きは展示当時のもの。
- GCOE はグローバル COE「境界研究の拠点形成」の略。
- 総合博物館は北海道大学総合博物館，スラブ研究センターは北海道大学スラブ研究センター，アイヌ・先住民研究センターは北海道大学アイヌ・先住民研究センターの略。その他，学部名のみ記載の場合は，すべて北海道大学大学院。

【第 1 期】「ユーラシア国境の旅」(2009 年 10 月 3 日-12 月 8 日)
(第 1 章)
企画・制作
岩下 明裕（GCOE ／スラブ研究センター）
松枝 大治（GCOE ／総合博物館）
伊藤 薫（風交舎）
協力
林 忠行（スラブ研究センター）
前田 弘毅（首都大学東京）
松里 公孝（スラブ研究センター）
帯谷 知可（京都大学）
吉田 修（広島大学）

【第 2 期】「知られざる北の国境―北緯 50 度線の記憶」(2009 年 12 月 18 日-2010 年 5 月 10 日)(第 3 章，第 6 章)
企画・制作
岩下 明裕（GCOE ／スラブ研究センター）
田畑 伸一郎（スラブ研究センター）
松枝 大治（GCOE ／総合博物館）
木山 克彦（GCOE）
宇佐見 祥子（GCOE）
伊藤 薫（風交舎）
協力
猪熊 樹人（根室市歴史と自然の資料館）
近藤 憲久（根室市歴史と自然の資料館）
相原 秀起（北海道新聞社）
工藤 信彦
久保 浩昭
香月 直樹
井潤 裕（GCOE）
社団法人全国樺太連盟
香月泰男美術館
山口県立美術館
(株)ウェザーコック

【第 3 期前半】「海疆ユーラシア―南西日本の境界」台湾・沖縄編(2010 年 5 月 14 日-9 月 11 日)(第 4 章)
企画・制作
岩下 明裕（GCOE ／スラブ研究センター）
北村 嘉恵（GCOE ／教育学研究院・教育学院）
平山 陽洋（GCOE）
宮本 万里（GCOE）
松枝 大治（GCOE ／総合博物館）
木山 克彦（GCOE）

宇佐見 祥子（GCOE）
伊藤 薫（風交舎）
協力
池間 苗（与那国民俗資料館）
石垣 英和
小西 潤子（静岡大学）
島袋 ときわ
菅沼 千晶
田頭 政英
田島 尚也
延島 冬生
松田 良孝（八重山毎日新聞社）
安里 ふじこ
山上 博信（日本島嶼学会）
山内 秀吉（湛水流琉球古典民謡教師）
山里 藤男（江東区沖縄県人会会長）
山里 池代子
林 素湄（ちょっき屋）
吉見 武尚
アヤミハビル館
石垣ショッピングプラザ
小笠原村役場
沖縄県平和祈念資料館
北大東村役場
社団法人日本缶詰協会
東京都八丈支庁総務課
南山社
八丈町役場
那覇市歴史博物館
南大東村役場
与那国花蓮縣交流発展協会
与那国町漁業協同組合
与那国町役場

【第 3 期後半】「海疆ユーラシア―南西日本の境界」対馬・東シナ海・南シナ海編(2010 年 9 月 18 日-11 月 4 日)(第 3 章，第 4 章)
企画・制作
岩下 明裕（GCOE ／スラブ研究センター）
安渓 遊地（山口県立大学）
安渓 貴子（山口大学）
平山 陽洋（GCOE）
星野 真（スラブ研究センター）
宮本 万里（GCOE）

松枝 大治（GCOE／総合博物館）
木山 克彦（GCOE）
宇佐見 祥子（GCOE）
協力
池間 苗（与那国民俗資料館）
和歌嵐香
対馬市教育委員会
対馬野生生物保護センター

【第4期前半】「先住民と国境」北米先住民ヤキの世界（2010年11月19日-2011年2月13日）（第7章）
企画・制作
水谷 裕佳（アイヌ・先住民研究センター）
山崎 幸治（GCOE／アイヌ・先住民研究センター）
松枝 大治（GCOE／総合博物館）
木山 克彦（GCOE）
宇佐見 祥子（GCOE）
協力
パスクア・ヤキ民族政府
ヨエメン・テキア財団
ヨエメ芸術家協会
アリゾナ州立博物館
ルイス・デビッド・バレンズエラ（ヤキ芸術家協会／彫刻家）
アマリア・アマシオ・モリナ・レィエス（パスクア・ヤキ民族政府内フェルナンド・エスカランテ博士コミュニティー図書館兼資料館／造花制作）
ビル・キロガ（ネイティブ・アメリカン・ボタニックス社）
クリスティン・エリクソン（アーカンソー大学）
マルセリーノ・フローレス（ヤキ芸術家協会，パスクア・ヤキ民族政府／画家）
（株）エフ・オブジェクト
寺西 辰郎（総合博物館ボランティア）

【第4期後半】「先住民と国境」アイヌと境界（2011年2月18日-5月8日）（第7章）
企画・制作
山崎 幸治（GCOE／アイヌ・先住民研究センター）
水谷 裕佳（アイヌ・先住民研究センター）
松枝 大治（GCOE／総合博物館）
木山 克彦（GCOE）
宇佐見 祥子（GCOE）
川上 将史（アイヌ・先住民研究センター）
野本 勝信（財団法人アイヌ民族博物館理事長）
野本 三治（財団法人アイヌ民族博物館伝承課伝承係長）
山内 久美子（財団法人アイヌ民族博物館伝承課伝承係）
川村 このみ（イオル伝承者育成事業研修生）
木村 君由美（イオル伝承者育成事業研修生）
八谷 麻衣
北原 次郎太（アイヌ・先住民研究センター）
特別協力
財団法人アイヌ民族博物館
協力
楢木 貴美子

田村 将人（北海道開拓記念館学芸員）
村木 美幸（財団法人アイヌ民族博物館副館長）
佐々木 利和（アイヌ・先住民研究センター）
（株）エフ・オブジェクト
（株）ウェザーコック

【第5期前半】「言葉は境界を超えて―ロシア・東欧作家の作品と世界」ロシアの作家と境界（2011年5月13日-8月21日）（第5章）
企画・制作
越野 剛（スラブ研究センター）
後藤 正憲（スラブ研究センター）
野町 素己（GCOE／スラブ研究センター）
望月 哲男（GCOE／スラブ研究センター）
井上 暁子（スラブ研究センター）
福田 宏（スラブ研究センター）
松枝 大治（GCOE／総合博物館）
木山 克彦（GCOE）
宇佐見 祥子（GCOE）
協力
青山 慎一（日本鱗翅学会評議員，北海道昆虫同好会顧問）
アトネル・P・フザンガイ（国立チュヴァシ人文科学研究所）
チュヴァシ国立図書館
沼野 充義（東京大学）
三浦 笙子（日本ナボコフ協会会長）
志田 奈都紀（札幌大学大学院文化学研究科大学院生）
長谷 仁美（札幌大学大学院文化学研究科大学院生）

【第5期後半】「言葉は境界を超えて―ロシア・東欧作家の作品と世界」東欧の作家と境界（2011年8月26日-11月20日）（第5章）
企画・制作
野町 素己（GCOE／スラブ研究センター）
福田 宏（スラブ研究センター）
井上 暁子（スラブ研究センター）
望月 哲男（GCOE／スラブ研究センター）
越野 剛（スラブ研究センター）
後藤 正憲（スラブ研究センター）
松枝 大治（GCOE／総合博物館）
木山 克彦（GCOE）
宇佐見 祥子（GCOE）
協力
河原 朗伸（文学研究科）
ウラジミル・モムチロヴィッチ
カテジナ・ヤナーソヴァー
クシシュトフ・マリア・ザウスキ
フランチシュカ・リポウシェク（リュブリャナ大学）
マシャ・セリモヴィッチ・モムチロヴィッチ
リュドミラ・ポポヴィッチ（ベオグラード大学）
ロネル・アレグザンダー（カリフォルニア州立大学バークレー校）
ヤナ・ドットコヴァー（スロヴァキア科学アカデミー）
カフカ博物館

国民文学博物館附属文書館
ベスキド・フリーデク＝ミーステク博物館
ミコワイ＝コペルニク大学（トルン）

【第6期】「越境するイメージ─メディアにうつる中国」(2011年11月1日-2012年5月13日)（第6章）
企画・制作
武田 雅哉（GCOE／文学研究科）
渡辺 浩平（GCOE／メディア・コミュニケーション研究院）
松枝 大治（GCOE／総合博物館）
木山 克彦（GCOE）
宇佐見 祥子（GCOE）
協力
藤井 得弘（文学研究科大学院生）
志田 奈津紀（札幌大学大学院文学研究科大学院生）
長谷 仁美（札幌大学大学院文学研究科大学院生）
(株)ホクシンラマナプロジェクト
萬勝商事有限会社
ギャガ株式会社
小松 淳子

【第7期】「北極圏のコミュニケーション─境界を越えるサーミ」(2012年5月25日-2012年12月27日)（第7章）
企画・制作
マルティナ・テュリセヴァ（フィンランドセンター北海道事務所所長）
エミリア・カンガスヤルヴィ（フィンランドセンター プロジェクトアシスタント）
岩下 明裕（GCOE／スラブ研究センター）
山本 順司（GCOE／総合博物館）
松枝 大治（総合博物館）
木山 克彦（GCOE）
宇佐見 祥子（GCOE）
協力
ヤリ・グスタフソン（フィンランド大使）
タルモ・ヨンパネン（フィンランド国立サーミ博物館 SIIDA 館長）
アリヤ・ヨンパネン（フィンランド国立サーミ博物館 SIIDA 学芸員）
ヴェイコ・フォードルフ（スコルト・サーミ評議会代表）
マリア・フォードルフ
ユハ・フォードルフ
リーサ・ホルンベルグ（サーミ教育センター長）
ユハニ・ノウスニエミ（Sámi YLE Radio ディレクター）
ヨウニ・アイキオ（Sámi YLE Radio）
アウネ・ムスタ（Sámi Duodji Ry）
ハンヌ・カンガスニエミ（Sajos）
ペッテリ・ライティ（Samekki）
ラッセ・ハグルンド（ホテルイナリ）
アンネ・ランスマン（オウル大学，ラップランド大学）
サーミ教育センターの学生たち
セヴェッティヤルヴィ村の皆様
岡田 淳子（北海道立北方民族博物館館長）

笹倉 いる美（北海道立北方民族博物館）
中田 篤（北海道立北方民族博物館）
橋本 晴子（スノーコレクティブ代表）
常本 照樹（アイヌ・先住民研究センター）
水谷 裕佳（東洋大学）
有限会社立島銘木店
(株)エフ・オブジェクト
コンチネンタル貿易株式会社
(株)ホクシンラマナプロジェクト

【第8期】「知られざるクリル・カムチャツカ─ロシアから見た境界のイメージ」(2013年1月25日-5月26日)（第6章）
企画・制作
谷古宇 尚（GCOE／文学研究科）
松枝 大治（総合博物館）
ナタリア・キリューヒナ（ロシア美術家同盟サハリン支部）
ビクトル・オクルーギン（ロシア科学アカデミー極東支部火山地震研究所）
山本 順司（GCOE／総合博物館）
木山 克彦（GCOE）
宇佐見 祥子（GCOE）
協力
ロシア美術家同盟サハリン支部
ロシア科学アカデミー極東支部地震火山研究所
望月 恒子（文学研究科）
広瀬 和世（財団法人宇宙システム開発利用推進機構）
佐光 伸一（科学研究費補助金基盤研究B「辺境と異境─非中心におけるロシア文化の比較研究」事務局）
山田 のぞみ（文学研究科芸術学研究室）
坂本 真惟（北海道大学文学部芸術学研究室）
野田 佳奈子（北海道大学文学部芸術学研究室）
室谷 美里（北海道大学文学部芸術学研究室）
土田 あゆみ（北海道大学文学部芸術学研究室）

【第9期前半】「境界研究 日本のパイオニアたち」工藤信彦・香月泰男(2013年6月1日-8月25日)（第3章，第6章）
企画・制作
岩下 明裕（GCOE／スラブ研究センター）
山本 順司（GCOE／総合博物館）
井澗 裕（GCOE）
木山 克彦（GCOE）
宇佐見 祥子（GCOE）
協力
林 昌宏（総合博物館）
松枝 大治（総合博物館）
香月 直樹
香月泰男美術館
社団法人全国樺太連盟
山口県立美術館
稚内市教育委員会

【第 9 期後半】「境界研究　日本のパイオニアたち」秋野豊・宮本常一(2013 年 8 月 1 日-10 月 27 日)(第 2 章，第 4 章)
企画・制作
岩下 明裕（GCOE／スラブ研究センター）
安渓 遊地（山口県立大学）
安渓 貴子（山口大学）
山本 順司（GCOE／総合博物館）
木山 克彦（GCOE）
宇佐見 祥子（GCOE）
伊藤 薫（風交舎）
協力
秋野 洋子（秋野豊ユーラシア基金代表）
秋野 治郎
吉岡 亨（秋野豊ユーラシア基金理事）
鈴木 崇
村益 建太（NHK「国境紀行」ディレクター）
伊藤 庄一（筑波大学・秋野ゼミ）
稲垣 文昭（筑波大学・秋野ゼミ）
南野 大介（筑波大学・秋野ゼミ）
井澗 裕（GCOE）
天野 尚樹（スラブ研究センター）
宇山 智彦（スラブ研究センター）
松里 公孝（スラブ研究センター）
周防大島文化交流センター
文藝春秋
伊藤 幸司

【第 10 期展示】「境界研究の拠点形成」の歩み 2009-2013(2013 年 11 月 10 日-12 月 27 日)
企画・制作
岩下 明裕（GCOE／スラブ研究センター）
山本 順司（GCOE／総合博物館）
木山 克彦（GCOE）
宇佐見 祥子（GCOE）

執筆者一覧（執筆順）

岩下明裕	北海道大学スラブ研究センター教授
伊藤　薫	風交舎
木山克彦	北海道大学スラブ研究センター特任助教
北村嘉恵	北海道大学大学院教育学研究院准教授
安渓遊地	山口県立大学国際文化学部教授
安渓貴子	山口大学医学部非常勤講師
望月哲男	北海道大学スラブ研究センター教授
井上暁子	北海道大学スラブ研究センター非常勤研究員
野町素紀	北海道大学スラブ研究センター准教授
福田　宏	京都大学地域研究統合情報センター助教
後藤正憲	北海道大学スラブ研究センター助教
越野　剛	北海道大学スラブ研究センター准教授
武田雅哉	北海道大学大学院文学研究科教授
渡辺浩平	北海道大学大学院メディア・コミュニケーション研究院教授
谷古宇尚	北海道大学大学院文学研究科准教授
水谷裕佳	上智大学外国語学部グローバル教育センター助教
山崎幸治	北海道アイヌ・先住民研究センター准教授

図説　ユーラシアと日本の国境
ボーダー・ミュージアム

2014年3月10日　第1刷発行

編著者　岩　下　明　裕
　　　　木　山　克　彦
発行者　櫻　井　義　秀

発行所　北海道大学出版会
札幌市北区北9条西8丁目　北海道大学構内（〒060-0809）
Tel. 011(747)2308・Fax. 011(736)8605・http://www.hup.gr.jp

㈱アイワード　　　　　　　　　© 2014　岩下明裕・木山克彦

ISBN978-4-8329-6806-6

〈北海道大学スラブ研究センター　スラブ・ユーラシア叢書〉

1	国境・誰がこの線を引いたのか —日本とユーラシア—	岩下明裕 編著	A5・210頁 定価1600円
2	創像都市ペテルブルグ —歴史・科学・文化—	望月哲男 編著	A5・284頁 定価2800円
3	石油・ガスとロシア経済	田畑伸一郎 編著	A5・308頁 定価2800円
4	近代東北アジアの誕生 —跨境史への試み—	左近幸村 編著	A5・400頁 定価3200円
5	多様性と可能性のコーカサス —民族紛争を超えて—	前田弘毅 編著	A5・246頁 定価2800円
6	日本の中央アジア外交 —試される地域戦略—	宇山智彦 外編著	A5・220頁 定価1800円
7	ペルシア語が結んだ世界 —もうひとつのユーラシア史—	森本一夫 編著	A5・270頁 定価3000円
8	日本の国境・いかにこの「呪縛」を解くか	岩下明裕 編著	A5・264頁 定価1600円
9	ポスト社会主義期の政治と経済 —旧ソ連・中東欧の比較—	林忠行 仙石学 編著	A5・362頁 定価3800円
10	日露戦争とサハリン島	原暉之 編著	A5・450頁 定価3800円
11	環オホーツク海地域の環境と経済	田畑伸一郎 江淵直人 編著	A5・294頁 定価3000円

〈北大アイヌ・先住民研究センター叢書〉

1	アイヌ研究の現在と未来	北海道大学アイヌ・先住民研究センター編	A5・358頁 定価3000円
2	先住民パスクア・ヤキの米国編入 —越境と認定—	水谷裕佳 著	A5・248頁 定価5000円
3	アイヌ史の時代へ —余瀝抄—	佐々木利和 著	A5・420頁 定価5000円

日本北辺の探検と地図の歴史	秋月俊幸 著	B5・470頁 定価8300円
北方を旅する —人文学でめぐる9日間—	北村清彦 編著	四六・278頁 定価2000円
アジアに接近するロシア —その実態と意味—	木村汎 袴田茂樹 編著	A5・336頁 定価3200円
日本植民地下の台湾先住民教育史	北村嘉恵 著	A5・396頁 定価6400円
身体の国民化 —多極化するチェコ社会と体操運動—	福田宏 著	A5・272頁 定価4600円
ポーランド問題とドモフスキ —国民的独立のパトスとロゴス—	宮崎悠 著	A5・358頁 定価6000円

〈価格は消費税を含まず〉

北海道大学出版会